Tu, was Du willst

Fernando Savater, geb. 1947, ist Professor für Philosophie an der Universität Complutense in Madrid. Er schreibt regelmäßig in *El País,* bestreitet viele Rundfunksendungen und ist ein international geschätzter Vor- und Querdenker. Weltbestseller schrieb er mit dem vorliegenden *Tu, was Du willst* und dem ebenfalls beim Campus Verlag erschienenen Buch *Sei kein Idiot.* 1998 erscheint bei Campus auch *Darum Erziehung* – ein Buch, das nicht nur in Spanien vehemente Diskussionen darüber auslöste, was die eigentliche Aufgabe von Erziehung und Bildung ist.

Fernando Savater

Tu, was Du willst

Ethik für die Erwachsenen von morgen

Aus dem Spanischen
von Wilfried Hof

Campus Verlag
Frankfurt/New York

Die spanische Originalausgabe *Ética para Amador* erschien
1991 bei Editorial Ariel, Barcelona.
Copyright © 1991 Fernando Savater
© Editorial Ariel, S. A., Barcelona

Redaktion: Thomas Beier, Frankfurt

Die Deutsche Bibliothek – CIP-Einheitsaufnahme

Savater, Fernando:
Tu, was Du willst : Ethik für die Erwachsenen von morgen /
Fernando Savater. Aus dem Span. von Wilfried Hof. – 8. Aufl. –
Frankfurt/Main ; New York : Campus Verlag, 2001
Einheitssacht.: Ética para amador <dt.>
ISBN 3-593-36072-1

8. Auflage 2001

Alle deutschsprachigen Rechte bei Campus Verlag GmbH, Frankfurt/Main
Umschlaggestaltung: Guido Klütsch, Köln
Umschlagillustration: Silke Henßel, Wiesbaden
Satz: Publikations Atelier, Frankfurt/Main
Druck und Bindung: Druckhaus Beltz, Hemsbach
Gedruckt auf säurefreiem und chlorfrei gebleichtem Papier.
Printed in Germany

Für Sara,
für ihre liebevolle Ungeduld
mit Amador und mit mir

»Höre *mich* an, sagte der Dämon und
legte mir die Hand aufs Haupt.«
Edgar Allan Poe, *Schweigen. Eine Fabel*

Inhalt

Antipädagogischer Hinweis

Dieses Buch ist *kein* Handbuch über Ethik für junge Menschen. Es enthält keine Informationen über die wichtigsten Morallehren der Geschichte und ihre führenden Autoren. Ich hatte nicht die Absicht, den Kategorischen Imperativ für die Allgemeinheit erreichbar zu machen.

Es handelt sich hier auch nicht um ein Rezeptbuch mit moralisierenden Antworten auf die Streitfragen, auf die man tagtäglich in den Zeitungen und auf der Straße stoßen kann – von der Abtreibung über das Kondom bis hin zur Kriegsdienstverweigerung aus Gewissensgründen. Ich glaube nicht, daß die Ethik irgendwelche Streitfragen beantworten kann, sie soll eher mithelfen, eine Diskussion in Gang zu setzen.

Muß man in den höheren Schulklassen über Ethik reden? Mir scheint es unglücklich, daß ein Fach mit dieser Bezeichnung als Alternative zum Religionsunterricht herhalten soll. Die arme Ethik ist nicht zur Untermauerung oder als Ersatz für den Katechismus in die Welt gekommen; zumindest nicht heutzutage – im 20. Jahrhundert. Ich bin aber sicher, daß man einige erste allgemeine Überlegungen über den Sinn der Freiheit durchaus anstellen sollte und daß da ein paar Überlegungen über die Ethik, eingebettet in die übrigen Disziplinen, nicht ausreichen. Die Reflexion über Moral ist aber auch nicht nur ein weiteres Spezialfach für die, die sich den höheren Studien der Philosophie widmen wollen, sondern sie ist ein *wesentlicher* Teil jeder Erziehung, die diesen Namen verdient.

Dieses Buch ist nicht mehr als das, was es ist – nur ein Buch. Es ist persönlich und subjektiv, wie die Beziehung, die einen Vater mit seinem Kind verbindet; aber gerade deshalb ist es universal wie die Beziehung zwischen Vater und Kind, die umfassendste aller Beziehungen. Es wurde für Heranwachsende erdacht und geschrieben – ihren Lehrern wird es wahrscheinlich nicht allzuviel Neues beibringen. Sein Ziel ist es nicht, »richtig« denkende Bürger hervorzubringen (noch viel weniger »falsch« denkende), sondern die Förderung der Heranbildung *selbständig denkender* Menschen.

Madrid, den 26. Januar 1991

Prolog

Manchmal, Amador, habe ich Lust, Dir vieles zu erzählen. Aber Du kannst beruhigt sein, ich beherrsche mich, weil ich Dir schon als Vater genug langweilige Vorträge halten muß; ich will das nicht auch noch als Philosoph verkleidet tun. Ich habe Verständnis dafür, daß auch die Geduld der Kinder begrenzt ist. Außerdem möchte ich nicht, daß mir das gleiche passiert wie einem Freund, der eines Tages mit seinem fünfjährigen Jungen friedlich das Meer betrachtete. Der freche Zwerg sagte zu ihm, ganz verträumt: »Papa, ich fänd' es schön, wenn Mama, du und ich in einem Bötchen aufs Meer hinausfahren würden.« Mein sentimentaler Freund hatte einen Knoten im Hals, genau über dem der Krawatte. »Natürlich, mein Sohn, fahren wir, wann du willst!« »Und wenn wir ganz weit draußen sind«, phantasierte das zarte Geschöpf weiter, »werfe ich euch beide ins Wasser, damit ihr ertrinkt.« Aus dem gebrochenen Herzen des Vaters brach ein Schmerzensschrei hervor: »Aber, mein Sohn ...!« »Klar, Papa, weißt du denn nicht, daß ihr

Eltern uns fürchterlich auf den Wecker geht?« Ende der ersten Lektion.

Wenn sich sogar ein Kind von fünf Jahren darüber klar ist, kann ich mir vorstellen, daß es für einen Typen von über 15 wie Dich ganz selbstverständlich ist. Daher habe ich nicht vor, Dir außer den in den harmonischen Familien bereits üblichen Motiven für den Vatermord weitere zu liefern. Andererseits konnte ich diese Väter nie leiden, die darauf bestehen, »der beste Freund ihrer Kinder zu sein«. Ihr müßt Freunde Eures Alters haben – Freunde und Freundinnen natürlich. Mit Eltern, Lehrern und den übrigen Erwachsenen ist es bestenfalls möglich, sich einigermaßen gut zu verstehen, was schon ziemlich viel ist. Aber sich mit einem Erwachsenen einigermaßen gut zu verstehen bedeutet auch manchmal: Lust haben, ihn zu ertränken. Anders geht es nicht. Wenn ich 15 Jahre alt wäre, was mir wahrscheinlich nicht wieder passieren wird, würde ich allen Erwachsenen mißtrauen, die allzu »sympathisch« sind; allen, die anscheinend jünger sein wollen als ich; und allen, die mir grundsätzlich recht geben. Du weißt schon, die, die immer sagen: »Ihr jungen Leute seid super«, »Ich fühle mich so jung wie ihr« und ähnliches Geschwätz. Achtung vor denen! Bei so viel Schmeichelei wollen die etwas. Ein richtiger Vater oder Lehrer muß irgendwie lästig sein, oder er taugt zu nichts.

Also bin ich auf die Idee gekommen, Dir einige dieser Sachen aufzuschreiben, die ich Dir dann und wann erzählen wollte und nicht konnte oder mich nicht traute. Einem Vater, der die philosophische Platte auflegt, muß man in die Visage sehen, während man ein interessiertes Gesicht aufsetzt und von dem befreienden Augenblick träumt, zum Fernsehen wegzulaufen. Aber ein Buch kannst Du lesen, wann Du willst, in der Freizeit und ohne den Zwang, ein Zeichen des

Respekts von Dir geben zu müssen: Wenn Du in dem Buch liest, kannst Du gähnen oder lachen, wann Du Lust dazu hast – in aller Freiheit. Da das, was ich Dir sagen werde, zum großen Teil eben mit der Freiheit zu tun hat, ist es besser, Du liest es, als einer Predigt zuzuhören. Gewiß mußt Du mir etwas Aufmerksamkeit schenken (ungefähr halb soviel, wie Du dem Lernen eines neuen Computerspiels widmest) und etwas Geduld haben, vor allem in den ersten Kapiteln. Auch wenn ich einsehe, daß die Sache dadurch erheblich komplizierter wird, wollte ich Dir nicht die Anstrengung ersparen, schrittweise zu denken, Dich aber auch nicht wie einen Idioten behandeln. Ich bin der Meinung – ich weiß nicht, ob Du sie teilst –, daß jemand, wenn man ihn wie einen Dummkopf behandelt, sehr wahrscheinlich bald einer sein wird, wenn er es nicht schon vorher war.

Wovon ich Dir erzählen will? Von meinem und Deinem Leben, nicht mehr und nicht weniger. Oder wenn Du es so sagen willst: von dem, was ich tue und womit Du gerade anfängst. Was ich tue? Da möchte ich Dir endlich eine Frage beantworten, die Du mir vor vielen Jahren ganz unvermittelt gestellt hast – Du wirst Dich nicht mehr daran erinnern – und die damals ohne Antwort blieb. Du mußt etwa sechs Jahre alt gewesen sein, und wir haben den Sommer in Torrelodones verbracht. An diesem Nachmittag saß ich, wie an den anderen, eingeschlossen in meinem Zimmer und tippte lustlos auf meiner tragbaren Olivetti – vor einem Foto mit dem hoch über dem blauen Meer aufgerichteten und triefenden Schwanz eines riesigen Wals. Ich hörte Dich und Deine Vettern im Schwimmbecken herumplanschen; ich sah Euch durch den Garten laufen. Verzeih mir das vertrauliche Getue: Ich fühlte mich klebrig vor Schweiß und Glück. Plötzlich kamst Du ans offene Fenster und sagtest: »Hallo, was

15

heckst du denn da aus?« Ich antwortete mit irgendeiner Albernheit, weil es wenig Sinn hatte, Dir zu erklären, daß ich ein Buch über *Ethik* schreiben wollte. Weder interessierte Dich, was Ethik sein könnte, noch warst Du bereit, mir für mehr als drei Minuten Aufmerksamkeit zu schenken. Vielleicht wolltest Du nur, daß ich wußte, Du warst da: Als ob ich das jemals vergessen könnte! Aber Dich riefen schon die anderen, und Du liefst weg. Ich heckte weiter aus, immer drauflos, und erst jetzt, fast zehn Jahre später, entscheide ich mich endlich, Dir diese merkwürdige Sache zu erklären, mit der ich mich immer noch beschäftige: die Ethik.

Ein paar Jahre später und ebenfalls in unserem Miniparadies Torrelodones erzähltest Du mir einen Traum, den Du gehabt hattest. Auch daran erinnerst Du Dich nicht? Du warst auf einem dunklen Feld, schwarz wie die Nacht, und ein schrecklicher Wind wehte. Du klammertest Dich an die Bäume, an die Felsen, aber der Sturm riß Dich rettungslos mit sich fort, wie das Mädchen Dorothee in *Der Zauberer von Oz*. Als Du durch die Luft wirbeltest, in das Unbekannte, hörtest Du meine Stimme (»Ich sah dich nicht, aber ich wußte, daß du es warst«, sagtest Du): »Hab Vertrauen! Hab Vertrauen!« Du weißt nicht, welches Geschenk Du mir gemacht hast, als Du mir diesen sonderbaren Alptraum erzähltest: Nicht in tausend Jahren, auch wenn ich so lange leben würde, könnte ich Dich für den Stolz jenes Nachmittags belohnen, als ich erfuhr, daß meine Stimme Dir Mut machen konnte. Also, alles, was ich Dir auf den folgenden Seiten sagen werde, ist bloß eine ständige Wiederholung dieses einzigen Rates: Hab Vertrauen. Nicht zu mir natürlich, auch nicht zu einem Weisen (selbst wenn er einer von den echten ist) und auch nicht zu Bürgermeistern, Pfarrern oder Polizisten. Nicht zu Göttern oder Teufeln, nicht zu Maschinen, nicht zu Fahnen. Hab Vertrauen *zu Dir selbst*! Zu Deiner Intelligenz, die es Dir ermöglicht, besser zu sein, als Du bereits bist, und zu dem Instinkt Deiner Liebe, der Dich offen macht für die Gesellschaft guter Freunde.

Kapitel 1

Woher die Ethik kommt

Es gibt Wissenschaften, die man aus bloßem Interesse an neuen Sachen studiert, andere, um eine Geschicklichkeit zu erlernen, mit der man etwas machen kann; die meisten aber sind dazu da, um eine Arbeitsstelle zu bekommen und damit seinen Lebensunterhalt zu verdienen. Wenn man weder neugierig ist noch solche Kenntnisse braucht, kann man ruhig auf sie verzichten. Es gibt zahllose sehr interessante Wissensgebiete, ohne die man aber auch gut durchs Leben kommen kann. Ich habe z.B. leider keine Ahnung von der Astrophysik oder der Möbeltischlerei, die anderen soviel Befriedigung geben, obwohl mich das bis jetzt nicht daran gehindert hat, mich durchs Leben zu schlagen. Und Du kennst, soviel ich weiß, die Fußballregeln, hast vom Baseball aber wenig Ahnung. Das macht nichts: Du begeisterst Dich für die Fußball-Weltmeisterschaften, pfeifst aber auf die amerikanische Baseball-Liga, und alles ist in Ordnung.

Ich will damit sagen, daß man bestimmte Sachen lernen kann oder nicht, ganz nach Belieben. Da niemand alles wissen kann, bleibt uns nichts anderes übrig, als auszuwählen und demütig anzuerkennen, wieviel wir *nicht* wissen. Man kann leben, ohne etwas von Astrophysik, Möbeltischlerei oder Fußball zu wissen, sogar ohne lesen und schreiben zu können. Man lebt dann zwar – wenn Du so willst – schlechter, aber man lebt. Andere Sachen muß man jedoch wissen, weil davon, wie man so sagt, *unser Leben abhängt.* Man muß z.B. wissen, daß es für die Gesundheit nicht gut ist, aus dem sechsten Stock vom Balkon herunterzuspringen, oder daß man mit einer Ernährung aus Nägeln (mit Erlaubnis der Fakire!) und Blausäure nicht besonders alt wird. Es ist auch nicht ratsam zu ignorieren, daß es früher oder später unangenehme Folgen hat, wenn man den Nachbarn, jedesmal wenn man ihm begegnet, prügelt. Nebensächlichkeiten wie diese sind wichtig. Man kann auf viele Arten leben, aber manche lassen einen nicht leben.

Kurz gesagt, unter allen möglichen Kenntnissen gibt es zumindest ein unerläßliches Wissen: daß bestimmte Sachen für uns *nützlich sind* und andere nicht. Schädlich sind für uns bestimmte Nahrungsmittel, Verhaltensweisen oder Einstellungen – natürlich nur dann, wenn wir weiterleben wollen. Wenn jemand möglichst bald krepieren will, kann das Trinken von Natronlauge sehr angemessen sein oder auch, sich mit möglichst vielen Feinden zu umgeben. Aber für den Augenblick wollen wir annehmen, daß wir lieber leben wollen. Die besonderen Vorlieben des Selbstmörders lassen wir mal beiseite. Also, bestimmte Sachen sind uns nützlich, und die nennen wir gewöhnlich »gut«, weil sie uns *gut bekommen*; anderes dagegen *bekommt* uns sehr *schlecht*, und all das nennen wir »schlecht«. Zu wissen, was uns nützt, d.h., zwischen dem Guten und Schlechten unterscheiden zu können, ist ein Wissen, das wir alle haben wollen – alle ohne Ausnahme –, einfach aus Eigeninteresse.

Wie ich vorhin erwähnte, gibt es gute und schlechte Dinge für die Gesundheit; daher müssen wir wissen, was wir essen dürfen, daß das Feuer wärmt und manchmal verbrennt und daß das Wasser den Durst löschen, uns aber auch ertränken kann. Manchmal jedoch ist die Angelegenheit nicht so einfach: Bestimmte Drogen etwa steigern unsere Kraft oder erzeugen angenehme Empfindungen, aber ihr ständiger Mißbrauch kann schädlich sein. In mancherlei Hinsicht sind sie gut, aber in anderer schlecht: Sie nützen uns und gleichzeitig schaden sie uns. Im Bereich der menschlichen Beziehungen kommen diese Zweideutigkeiten noch häufiger vor. Die Lüge ist im allgemeinen etwas Schlechtes, weil sie das Vertrauen in das Wort zerstört (wir müssen miteinander sprechen, um in Gemeinschaft leben zu können) und die Menschen miteinander verfeindet; aber manchmal scheint das Lügen nützlich zu sein, um einen kleinen Vorteil zu erlangen. Oder sogar, um jemand einen Gefallen zu tun: Ist es besser, einem unheilbar an Krebs Erkrankten die Wahrheit über seinen Zustand zu sagen, oder soll man ihn täuschen, damit er seine letzten Stunden ohne Angst verbringen kann? Die Lüge gefällt uns nicht, sie ist schlecht, aber manchmal scheint sie sich als gut herauszustellen. Ich sagte bereits, daß es im allgemeinen unangebracht ist, mit anderen eine Schlägerei anzufangen. Aber dürfen wir es zulassen, daß vor unseren Augen ein Mädchen vergewaltigt wird, ohne daß wir eingreifen, weil man sich nicht in Streitereien einmischen soll? Andererseits macht sich gewöhnlich der, der immer die Wahrheit sagt – egal, wem er damit in die Quere kommt –, überall unbeliebt. Und den, der wie Indiana Jones eingreift, um ein überfallenes Mädchen zu retten, wird man wahrscheinlich eher mit eingeschlagenem Schädel wiederfinden als den, der pfeifend nach Hause geht. Das Schlechte scheint sich manchmal als mehr oder weniger gut herauszustellen, und das Gute hat gelegentlich den Anschein des Schlechten. Ein schönes Durcheinander!

Zu wissen, wie man leben soll, erweist sich als nicht so einfach, weil es verschiedene entgegengesetzte Kriterien für das gibt, was wir tun müssen. In der Mathematik und Geographie gibt es Kluge und Dummköpfe, aber die Klugen sind sich fast immer im Grundsätzlichen einig. Was das Leben betrifft, gehen die Meinungen dagegen sehr weit auseinander. Will jemand ein aufregendes Leben führen, kann er bei Formel-1-Rennen mitmachen oder sich dem Bergsteigen widmen. Wenn man hingegen ein sicheres und ruhiges Leben vorzieht, ist es besser, die Abenteuer im Videoclub an der Ecke zu suchen. Einige versichern, das Tollste sei, für die anderen zu leben, und andere sind der Ansicht, am besten sei es zu erreichen, daß die anderen für einen leben. Für bestimmte Leute zählt nur Geld verdienen und sonst nichts, während andere argumentieren, daß Geld ohne Gesundheit, Freizeit, tiefe Zuneigung oder ein heiteres Gemüt nichts wert sei. Angesehene Ärzte meinen, der Verzicht auf Tabak- und Alkoholgenuß sei ein sicheres Mittel, das Leben zu verlängern, worauf Raucher und Trinker erwidern, daß einem mit solchen Entbehrungen das Leben natürlich viel länger vorkommt. Es gäbe noch unzählige Beispiele.

Das einzige, worin wir auf den ersten Blick alle einer Meinung sind, ist, daß wir nicht mit allen einer Meinung sind. Aber beachte, daß diese verschiedenen Meinungen in einem anderen Punkt übereinstimmen: daß das, was unser Leben werden soll, zumindest teilweise das Ergebnis dessen ist, was jeder *will*. Wäre unser Leben etwas völlig Vorherbestimmtes und Schicksalhaftes, hätten alle diese Kommentare nicht den geringsten Sinn. Niemand diskutiert darüber, ob die Steine nach oben oder unten fallen: Sie fallen nach unten und damit basta. Biber bauen Dämme in den Bächen, und Bienen machen aus sechseckigen Honigzellen Waben; es gibt keine Biber, die Honigwaben machen, und auch keine Bienen, die sich dem Dammbau widmen. In seiner natürlichen Umwelt scheint jedes Tier genau zu wissen, was für es gut ist und was schlecht – ohne Diskussionen oder Zweifel. In der Natur gibt es weder schlechte noch gute Tiere, auch wenn die Fliege manchmal die Spinne für schlecht hält, die sie in ihrem Netz fängt und frißt. Aber das ist so, weil die Spinne nicht anders kann.

Ich will Dir einen dramatischen Fall erzählen. Du kennst doch die Termiten, diese weißen Ameisen, die in Afrika beeindruckende, meterhohe Bauten errichten, die hart wie Stein sind. Weil der Körper der Termiten weich ist (er hat keinen Chitinpanzer, der andere Insekten schützt), dient ihnen der Termitenhügel als kollektiver Panzer gegen bestimmte feindliche Ameisen, die besser bewaffnet sind als sie. Aber manchmal stürzt einer dieser Hügel ein, infolge einer Überschwemmung oder wegen eines Elefanten (die Elefanten kratzen sich gerne ihre Flanken an den Termitenbauten, was soll man da machen). Sofort beginnen die Arbeiter-Termiten damit, ihre beschädigte Befestigung schleunigst wiederaufzubauen. Und die großen feindlichen Ameisen gehen zum Angriff über. Die Soldaten-Termiten kommen heraus, um ihren Stamm zu verteidigen, und versuchen, die Feinde aufzuhalten. Da sie in der Größe und Bewaffnung nicht mit ihnen konkurrieren können, hängen sie sich an die Angreifer und versuchen, deren Marsch möglichst zu bremsen – dabei werden sie von den gewaltigen Kiefern der Angreifer in Stücke gerissen. Die Arbeiterinnen handeln mit größter Schnelligkeit und bemühen sich, den zerstörten Bau wieder dicht zu machen – dabei lassen sie die armen und heldenhaften Soldaten, die ihr Leben für die Sicherheit der anderen opfern, draußen. Verdienen sie nicht wenigstens eine Medaille? Ist es nicht gerechtfertigt, sie Helden zu nennen?

Wechsel der Szene, aber nicht des Themas. In der *Ilias* erzählt Homer die Geschichte von Hektor, dem besten Krieger Trojas, der außerhalb der Mauern seiner Stadt unerschütterlich auf Achill, den tobenden Helden der Achäer, wartet, obwohl er weiß, daß der stärker ist als er und ihn wahrscheinlich töten wird. Er tut das, um seine Pflicht zu erfüllen, die in der Verteidigung seiner Familie und Mitbürger vor dem schrecklichen Angreifer besteht. Niemand bezweifelt, daß Hektor ein Heros ist, ein echter Held. Aber, ist Hektor heldenhaft und mutig auf die gleiche Weise wie die Soldaten-Termiten, deren millionenfach wiederholte Heldentat kein Homer erzählt hat? Macht Hektor letzten Endes nicht das gleiche wie eine der anonymen Termiten? Warum erscheint uns seine Tat größer und wertvoller als die der Insekten? Worin besteht der Unterschied zwischen beiden Fällen?

Ganz einfach, der Unterschied besteht darin, daß die Soldaten-Termiten kämpfen und sterben, weil sie es tun *müssen*, ohne etwas daran ändern zu können (wie die Spinne, die die Fliege frißt). Hektor dagegen geht zum Zweikampf mit Achill hinaus, weil er es *will*. Die Soldaten-Termiten können nicht desertieren, rebellieren oder sich drücken, damit andere an ihrer Stelle gehen: Sie sind von der Natur so *programmiert*, um ihre heroische Mission zu erfüllen. Bei Hektor ist das anders. Er könnte sagen, er sei krank oder habe keine Lust, mit jemandem zu kämpfen, der stärker ist als er. Vielleicht würden seine Mitbürger ihn dann einen Feigling nen-

24

nen und ihn für einen unverschämten Kerl halten, oder vielleicht würden sie ihn fragen, welcher andere Plan ihm eingefallen sei, um Achill zu bremsen. Aber zweifellos hat er die Möglichkeit, sich zu weigern, ein Held zu sein. Auch wenn die anderen noch soviel Druck auf ihn ausüben, er könnte immer dem entfliehen, was man von ihm erwartet: Er ist nicht darauf programmiert, ein Held zu sein – kein Mensch ist das. Deshalb ist sein Handeln verdienstvoll und daher erzählt Homer seine Geschichte in epischer Breite. Im Unterschied zu den Termiten ist Hektor – so sagt man – *frei*, und deshalb bewundern wir seinen Mut.

Und so gelangen wir zu dem zentralen Begriff dieses ganzen Durcheinanders: *Freiheit*. Die Tiere (ganz zu schweigen von den Mineralen oder Pflanzen) haben keine andere Wahl, als so zu sein, wie sie sind, und das zu tun, wozu sie von Natur aus programmiert sind. Man kann sie nicht dafür tadeln oder ihnen applaudieren, weil sie sich gar nicht anders verhalten können. Eine solche bindende Veranlagung erspart ihnen zweifellos viel Kopfzerbrechen. In gewisser Hinsicht sind wir Menschen natürlich auch von der Natur programmiert. Wir sind dazu geschaffen, Wasser zu trinken und keine Lauge; und trotz aller unserer Vorkehrungen müssen wir früher oder später sterben. Auf weniger gebieterische, aber vergleichbare Weise ist unsere *kulturelle Programmierung* bestimmend: Unser Denken wird durch die Sprache bestimmt, die ihm Gestalt gibt (eine Sprache, die uns von außen aufgezwungen wird und die wir nicht für unseren persönlichen Gebrauch erfunden haben). Außerdem werden wir in bestimmten Traditionen erzogen, lernen bestimmte Gewohnheiten, Verhaltensweisen, Legenden. Mit einem Wort: Uns wird von der Wiege an eingetrichtert, an bestimmten Dingen festzuhalten. Das hat zur Folge, daß wir ziemlich berechenbar sind. Nehmen wir Hektor, von dem wir ja gerade gesprochen haben, als Beispiel. Aufgrund seiner natürlichen Programmierung erkannte er die Notwendigkeit des Schutzes, der Behausung und der Zusammenarbeit. Diese Vorteile gewährte ihm mehr oder weniger seine Stadt Troja. Es ist auch sehr natürlich, daß er mit Zuneigung an seine Frau Andromache dachte – die ihm ein behagliches Zuhause bereitete – und an seinen kleinen Sohn, mit dem er sich durch biologische Bande verbunden fühlte. Kulturell gesehen fühlte er sich als Teil Trojas und teilte mit den Trojanern die Sprache, die Gebräuche und Traditionen. Außerdem hat man ihn von klein auf dazu erzogen, ein guter Krieger im Dienste seiner Stadt zu werden. Man sagte ihm, Feigheit sei etwas Abscheuliches, eines Mannes unwürdig. Hektor wußte, wenn er die Seinen verriet, würde er verachtet und auf irgendeine Weise bestraft werden. Also war auch er ziemlich programmiert, so zu handeln, wie er es tat, nicht wahr? Und trotzdem ...

Trotzdem, Hektor hätte sagen können: Zum Teufel mit all dem! Er hätte sich als Frau verkleiden können, um in der Nacht aus Troja zu fliehen, oder er hätte sich krank oder verrückt stellen können, um nicht kämpfen zu müssen. Oder er hätte sich vor Achill niederwerfen und ihm seine Dienste als Führer anbieten können, um an der schwächsten Stelle in Troja einzudringen. Er hätte sich auch dem Trunk ergeben oder eine neue Religion erfinden können, die sagt, daß man nicht gegen seine Feinde kämpfen darf, sondern die andere Backe hinhalten muß, wenn man eine Ohrfeige erhält. Du wirst mir sagen, daß alle diese Verhaltensweisen ziemlich merkwürdig gewesen wären, wenn man bedenkt, wer Hektor war und welche Erziehung er erhalten hatte. Aber Du mußt anerkennen, daß das keine unmöglichen Gedankenspielereien sind – während ein Biber, der Waben herstellt, oder eine Termite, die desertiert, nicht selten, sondern völlig ausgeschlossen sind. Bei den Menschen kann man nie so sicher sein wie bei den Tieren oder anderen Lebewesen. Sosehr wir Menschen auch biologisch oder kulturell programmiert sein mögen, wir können uns am Ende immer für etwas entscheiden, das nicht im Programm vorgesehen ist (zumindest, das nicht völlig darin enthalten ist). Wir können ja oder nein sagen, »Ich will« oder »Ich will nicht«. Sosehr wir uns auch von den Umständen erdrückt sehen, es gibt nie nur einen einzigen Weg, dem wir folgen können, sondern immer mehrere.

Wenn ich von Freiheit spreche, meine ich genau das: das, was uns von den Termiten und Ebbe und Flut unterscheidet, von allem, was sich auf notwendige und unabänderliche Weise bewegt. Sicher können wir nicht alles tun, was wir wollen, aber genauso sicher sind wir nicht verpflichtet, nur eine einzige Sache tun zu wollen. Und jetzt ist es angebracht, zwei Erläuterungen zur Freiheit zu geben:

Erstens: Wir sind nicht frei auszuwählen, was uns passiert (an dem Tag, von diesen Eltern und in diesem Land geboren zu werden; an Krebs zu leiden oder von einem Auto überfahren zu werden; schön oder häßlich zu sein; von den Achäern angegriffen zu werden usw.), sondern wir sind frei, auf das, was uns passiert, auf diese oder jene Weise zu reagieren (zu gehorchen oder zu rebellieren, vorsichtig oder waghalsig, rachsüchtig oder ergeben zu sein, uns nach der letzten Mode anzuziehen oder als Höhlenbär zu verkleiden, Troja zu verteidigen oder zu fliehen usw.).

Zweitens: Frei zu sein, etwas *zu versuchen*, hat nichts damit zu tun, es auch ganz sicher *zu erreichen*. Freiheit (die darin besteht, aus dem Möglichen auszuwählen) ist nicht das gleiche wie Allmacht (die bedeuten würde, immer das zu erreichen, was man will, auch wenn es unmöglich scheint). Wir können jedoch desto größeren Nutzen aus unserer Freiheit ziehen, je größer unsere Fähigkeit zum Handeln ist. Ich bin frei, den Mount Everest besteigen zu wollen, aber aufgrund meiner jämmerlichen Kondition und der völlig fehlenden Praxis im Bergsteigen ist es praktisch unmöglich, daß ich mein Ziel erreiche. Dagegen bin ich frei zu lesen oder nicht zu lesen, und da ich von klein auf lesen gelernt habe, wird es mir nicht allzu schwer fallen, mich dafür zu entscheiden. Es gibt Dinge, die von meinem Willen abhängen (und das heißt, frei zu sein), aber nicht alles hängt von meinem Willen ab (sonst wäre ich allmächtig). Es gibt auf der Welt viele andere Willen und zahlreiche andere Notwendigkeiten, die ich nicht nach Belieben kontrollieren kann. Wenn ich weder mich selbst noch die Welt kenne, in der ich lebe, wird meine Freiheit das eine oder andere Mal am Notwendigen scheitern. Aber, was sehr wichtig ist, deshalb höre ich nicht auf, frei zu sein – auch wenn mich das ärgert.

In der Realität existieren viele Kräfte, die unsere Freiheit einschränken, von Erdbeben oder Krankheiten bis zu Tyrannen. Aber auch unsere Freiheit ist eine Kraft in der Welt, unsere Kraft. Wenn Du mit Leuten redest, wirst Du jedoch feststellen, daß den meisten das, was ihre Freiheit begrenzt, viel bewußter ist als ihre Freiheit selbst. Sie werden Dir sagen: »Freiheit? Von welcher Freiheit redest du? Wie können wir frei sein, wenn das Fernsehen uns das Gehirn wäscht, wenn die Politiker uns betrügen und manipulieren, wenn die Terroristen uns bedrohen, wenn die Drogen uns versklaven, und wenn mir außerdem das Geld fehlt, mir ein Motorrad zu kaufen – was ich so gerne möchte?« Wenn Du ein bißchen aufpaßt, wirst Du feststellen, daß die, die so reden, sich zu beklagen scheinen, aber in Wirklichkeit sehr zufrieden sind zu wissen, daß sie *nicht* frei sind. Im Grunde denken sie: »Uff! Uns ist ein Stein vom Herzen gefallen! Da wir nicht frei sind, können wir nicht *schuld* sein an dem, was uns passiert.« Aber ich bin sicher, daß niemand – *niemand* – wirklich glaubt, nicht frei zu sein. Niemand akzeptiert ohne weiteres, daß er wie ein unerbittliches Uhrwerk oder wie eine Termite funktioniert. Es mag sein, daß die freie Entscheidung für bestimmte Sachen unter bestimmten Umständen sehr schwer ist (z.B. in ein brennendes Haus zu gehen, um ein Kind zu retten, oder unbeirrt einem Tyrannen gegenüberzutreten) und daß man deshalb lieber sagt, es gibt keine Freiheit. Dann muß man nicht anerkennen, daß man als freier Mensch das Leichteste vorzieht – auf die Feuerwehr zu warten oder den Stiefel zu lecken, der einem im Nacken steht. Aber tief im Innern sagt uns etwas beharrlich: »Wenn du gewollt hättest ...«

Wenn jemand hartnäckig verneint, daß wir Menschen frei sind, rate ich Dir, die Probe des römischen Philosophen anzuwenden. Im Altertum diskutierte ein römischer Philosoph mit einem Freund, der die Existenz menschlicher Freiheit leugnete und versicherte, daß alle Menschen nur das tun könnten, was sie tun. Der Philosoph nahm seinen Spazierstock und begann, ihn mit aller Kraft zu schlagen. »Hör auf, ist schon gut, schlag mich nicht weiter!« rief der andere. Und der Philosoph, ohne aufzuhören, ihn zu verprügeln, argumentierte weiter: »Sagst du nicht, ich sei nicht frei und könne nur das tun, was ich tue? Also kannst du dir deine Worte sparen und brauchst mich auch gar nicht zu bitten aufzuhören: Ich bin ein Automat.« Erst als der Freund zugab, daß der Philosoph aus freien Stücken aufhören könne, ihn zu schlagen, stellte dieser seine Prügel ein. Die Probe ist gut, aber Du darfst sie nur im äußersten Fall anwenden und nur bei Freunden, die kein Karate oder sowas können.

Fazit: Im Unterschied zu anderen Wesen, lebenden oder unbeseelten, können wir Menschen zum Teil selbst ausdenken und *wählen*, wie wir leben wollen. Wir können uns für das entscheiden, was uns gut scheint, d.h. passend für uns, und gegen das, was uns schlecht und unpassend erscheint. Und weil wir denken und wählen können, können wir *uns irren*, was den Bibern, Bienen und Termiten normalerweise nicht passiert. Also scheint es vernünftig, gut darauf achtzugeben, was wir tun, und zu versuchen, uns ein gewisses Lebenswissen anzueignen, das es uns ermöglicht, richtig zu handeln. Dieses Lebenswissen, oder diese *Kunst zu leben*, wenn Dir das lieber ist, nennt man *Ethik*. Darüber werden wir, wenn Du noch Geduld hast, auf den folgenden Seiten weiter reden.

Lies noch was

»Wenn ich nun aber den Schild, den gebuckelten, zu Boden legte
Und den schweren Helm, und den Speer an die Mauer lehnte
Und selbst ginge und Achilleus, dem untadligen, entgegen käme
Und ihm verspräche, die Helena und mit ihr die Güter
Allesamt, so viele Alexandros in den hohlen Schiffen
Nach Troja hat mitgeführt – das war der Anfang des Streites –,
Den Atriden zu geben, sie mitzuführen, und überdies den Achaiern
Noch anderes zuzuteilen, soviel diese Stadt enthält;

Und ich nähme den Troern hernach den Ältesten-Schwur ab,
Nichts zu verbergen, sondern halb und halb alles zu teilen,
Soviel an Habe die liebliche Stadt im Innern verwahrt hält –
Aber was redet mein Mut mir da für Dinge?«

Homer, *Ilias*

»Die Freiheit ist keine Philosophie und nicht einmal eine
Idee: Sie ist eine Regung des Bewußtseins, die uns in bestimmten Momenten dazu bringt, zwei Wörter auszuspre-
chen – ›ja‹ oder ›nein‹. In dieser Kürze eines Augenblicks,
wie im Licht des Blitzes, spiegelt sich das Gegensätzliche der
menschlichen Natur.«

Octavio Paz, *La otra voz*

»Das Leben des Menschen kann nicht gelebt werden, indem
die Verhaltensmuster der Gattung einfach nur wiederholt
werden; jeder einzelne muß es selbst leben. Der Mensch ist
das einzige Lebewesen, das sich *langweilt, unzufrieden* ist
und sich aus dem Paradies ausgeschlossen glaubt.«

Erich Fromm, *Psychoanalyse und Ethik*

Kapitel 2

Befehle, Gewohnheiten und Launen

Ich erinnere Dich kurz daran, wo wir stehengeblieben sind. Es ist klar, daß es Sachen gibt, die für unser Leben gut sind, und andere, die es nicht sind. Aber nicht immer ist klar, was für uns wirklich gut ist. Auch wenn wir nicht wählen können, was uns passiert, können wir doch wählen, was angesichts dessen, was uns passiert, zu tun ist. Bescheidenheit beiseite – unser Fall scheint dem von Hektor ähnlicher zu sein als dem der verdienstvollen Termiten. Wenn wir etwas tun, tun wir es, weil wir es etwas anderem vorziehen, oder weil wir es lieber tun, als gar nichts zu tun. Tun wir folglich immer das, was wir wollen? Nicht ganz. Manchmal zwingen uns die Umstände, zwischen zwei Möglichkeiten zu wählen, die wir uns nicht ausgesucht haben. Und es gibt sogar Gelegenheiten, in denen wir wählen, obwohl wir es vorziehen würden, nicht wählen zu müssen.

Aristoteles, einer der ersten Philosophen, die sich mit diesen Fragen beschäftigt haben, dachte sich folgendes Beispiel aus: Ein Schiff bringt eine schwere, aber auch wertvolle Fracht von einem Hafen zu einem anderen. Auf halbem Wege wird es von einem heftigen Sturm überrascht. Die einzige Lösung zur Rettung des Schiffes und der Besatzung scheint zu sein, die Fracht über Bord zu werfen. Für den Kapitän stellt sich das folgende Problem: »Muß ich die Waren über Bord werfen, oder darf ich es riskieren, mit ihnen im Frachtraum das Schiff beizudrehen, in der Hoffnung, daß das Wetter sich bessert oder das Schiff durchhält?« Falls er die Ladung über Bord wirft, wird er es deshalb tun, weil er es lieber tut, als das Risiko einzugehen. Aber es wäre nicht gerechtfertigt, ohne weiteres zu sagen, er wolle sie wegwerfen. Was er wirklich *will*, ist, mit seinem Schiff, seiner Mannschaft und den Waren im Hafen anzukommen – das ist, was ihm am meisten gefällt. Bei dem Sturm zieht er es jedoch vor, sein Leben und das der Mannschaft zu retten statt die Ladung – wie wertvoll sie auch sein mag. Wenn doch nur nicht dieses verdammte Unwetter aufgekommen wäre! Aber dagegen kann er nichts machen, es wird ihm aufgezwungen, es ist etwas, das ihm passiert, ob er es will oder nicht. Was er jedoch steuern kann, ist sein Verhalten in der Gefahr, die ihn bedroht. Wenn er die Fracht über Bord wirft, tut er es, weil er es will – und gleichzeitig, ohne es zu wollen. Er will leben, er will sich, die Männer, die von ihm abhängen, und sein Schiff retten. Aber er will auch nicht die Fracht und den Profit, den sie darstellt, opfern – weshalb er sie nur äußerst widerwillig aufgeben wird. Er würde sich zweifellos lieber nicht in der Klemme sehen, zwischen dem Verlust seiner Güter und dem Verlust seines Lebens wählen zu müssen. Ihm bleibt jedoch nichts anderes übrig, als sich zu entscheiden: Er wird das wählen, was er am liebsten will, was er für das Angemessenste hält. Wir könnten sagen: Er ist frei, weil er keine andere Wahl hat, es zu sein; er ist frei, in Situationen zu wählen, die er nicht gewählt hat.

Fast immer, wenn wir in schwierigen oder wichtigen Situationen darüber nachdenken, was wir tun sollen, befinden wir uns in einer ähnlichen Lage wie dieser Kapitän, von dem Aristoteles spricht. Aber natürlich ist es nicht immer so schlimm. Manchmal sind die Umstände weniger stürmisch, und wenn ich Dir nur Beispiele gebe, in denen ein Wirbelsturm vorkommt, kannst Du protestieren, wie jener Flugschüler, den sein Lehrer fragte: »Sie fliegen in einem Flugzeug, ein Unwetter kommt auf und der Motor fällt aus. Was müssen Sie tun?« Der Schüler antwortete: »Ich fliege mit dem anderen Motor weiter.« »Gut«, sagte der Lehrer, »aber es kommt noch ein Unwetter, und auch dieser Motor fällt aus. Wie werden Sie damit fertig?« »Dann fliege ich mit dem anderen Motor weiter.« »Auch den zerstört ein Unwetter. Und dann?« »Dann fliege ich mit einem anderen Motor weiter.« »Also«, reagierte der Lehrer verärgert, »darf man erfahren, wo Sie so viele Motoren herholen?« Und der Schüler, ganz cool: »Von da, wo Sie so viele Unwetter herholen.« – Lassen wir die schrecklichen Unwetter beiseite. Sehen wir, was bei schönem Wetter passiert.

Im allgemeinen verbringt man sein Leben nicht damit, ständig hin und her zu überlegen, was für uns angebracht ist und was nicht. Glücklicherweise werden wir vom Leben gewöhnlich nicht so gebeutelt wie der Kapitän des verflixten Schiffes, von dem wir gesprochen haben. Wenn wir ehrlich sind, müssen wir anerkennen, daß wir die meisten unserer Handlungen fast automatisch tun, ohne allzuviel darüber nachzudenken. Erinnere Dich bitte daran, was Du heute morgen gemacht hast. Zu einer unverschämt frühen Zeit klingelte der Wecker, und Du – statt ihn gegen die Wand zu werfen, was Du am liebsten getan hättest – hast ihn abgestellt. Du bist noch eine Weile liegengeblieben, in der Absicht, die letzten und angenehmsten Minuten der horizontalen Bequemlichkeit auszunutzen. Dann hast Du gedacht, daß es allmählich zu spät wird und der Bus zur Schule nicht wartet, also bist Du resignierend aufgestanden. Ich weiß, daß Du Dir nicht besonders gern die Zähne putzt, aber da ich so darauf bestehe, hast Du Dich unter Gähnen zu dem Treffen mit der Bürste und der Zahnpasta eingefunden. Du hast Dich geduscht, fast ohne Dir bewußt zu sein, was Du tust, weil es schon zur allmorgendlichen Routine gehört. Dann hast Du den Kaffee mit Milch getrunken und den üblichen Toast mit Butter gegessen. Danach: raus auf die rauhe Straße. Während Du zur Bushaltestelle gingst, wobei Du im Geist die Mathematikprobleme durchgegangen bist – hattest Du heute nicht eine Klassenarbeit? –, hast Du zerstreut einer leeren Coladose ein paar Fußtritte verpaßt. Später dann der Bus, die Schule und so weiter.

Ich glaube nicht, daß Du jede dieser Handlungen ängstlich hinterfragt hast: »Steh ich auf oder steh ich nicht auf? Dusche ich mich oder nicht? Frühstücken oder nicht frühstücken, das ist hier die Frage!« Die Angst des armen Kapitäns, dessen Schiff zu kentern droht, der in aller Eile entscheiden muß, ob er die Fracht über Bord wirft oder nicht, ähnelt wenig Deinen schlaftrunkenen Entscheidungen von heute morgen. Du hast fast instinktiv gehandelt, ohne Dir viele Fragen zu stellen. Im Grunde ist das am bequemsten und effektivsten, nicht wahr? Manchmal lähmen uns zu viele Gedanken darüber, was wir tun sollen. Es ist, als ob Du anfängst zu gehen und Deine Füße betrachtest und Dir sagst: »Jetzt der rechte Fuß, dann der linke, jetzt wieder...« So wirst Du mit Sicherheit ins Stolpern geraten oder einfach stehenbleiben.

Aber ich möchte, daß Du Dich jetzt rückschauend fragst, was Du Dich heute morgen nicht gefragt hast: *Warum* habe ich das getan, was ich tat? Warum diese Handlung und nicht das Gegenteil oder irgendetwas anderes?

Ich nehme an, diese Fragerei nervt Dich etwas. Also, warum mußt Du um halb acht aufstehen, Dir die Zähne putzen und zur Schule gehen? Und warum frage ich Dich das? Genau deshalb: weil ich darauf bestehe und weil ich Dir auf tausend Arten auf den Wecker gehe, mit Drohungen und Versprechen, um Dich zu zwingen! Wärst Du im Bett geblieben, dann hätte ich ein Mordstheater gemacht! Klar, einige der erwähnten Tätigkeiten – wie Duschen oder Frühstücken – tust Du, ohne an mich zu denken, weil man sie nach dem Aufstehen immer tut, nicht wahr, und alle Welt sie dauernd wiederholt. Genauso ist es mit dem Hosenanziehen, statt in der Unterhose rauszugehen, wie groß die Hitze auch wird. Was das Fahren mit dem Bus betrifft, nun, da hast Du keine andere Wahl, wenn Du pünktlich ankommen willst. Denn die Schule ist zu weit entfernt, um zu Fuß dahin zu gehen, und ich bin nicht so freigebig, Dir jeden Tag ein Taxi für den Hin- und Rückweg zu bezahlen. Und was ist mit den Fußtritten gegen die Coladose? Das machst Du, weil ... ja, weil es Dir Spaß macht.

Nun wollen wir uns die Reihe der Motive für Dein morgendliches Verhalten einmal genauer ansehen. Du weißt, was ein »Motiv« ist in diesem Zusammenhang? Es ist der Grund, den Du hast oder zumindest zu haben glaubst, etwas zu tun, die akzeptabelste Erklärung für Dein Verhalten, wenn Du etwas darüber nachdenkst. Mit einem Wort: die beste Antwort, die Dir auf die Frage »Warum tue ich das?« einfällt. Also, eine der Arten der Motivation, die Du erkennst, ist die, daß ich Dir auftrage, dies oder jenes zu tun.

Diese Motive nennen wir *Befehle*. In anderen Fällen besteht das Motiv darin, daß Du gewöhnlich immer das gleiche tust und es fast ohne nachzudenken wiederholst; oder Du siehst, wie in Deiner Umgebung sich alle üblicherweise so verhalten: Diese Motive nennen wir *Gewohnheiten*. In anderen Fällen – den Tritten gegen die Dose z.B. – scheint das Motiv das Fehlen eines Motivs zu sein, das, was Dir einfach so gefällt, die reine Lust. Bist Du einverstanden, wenn wir das Warum dieses Verhaltens *Launen* nennen? Ich lasse die rein praktischen Motive außer acht, die Dich zu den Handlungen verleiten, die Du ganz automatisch tust, um etwas zu erreichen: die Treppe hinuntergehen, um auf die Straße zu kommen, statt durch das Fenster zu springen, mit dem Bus zur Schule fahren, eine Tasse benutzen, um den Milchkaffee zu trinken...

Wir beschränken uns darauf, die ersten drei Arten der Motive zu untersuchen: Befehle, Gewohnheiten und Launen. Jedes dieser Motive beeinflußt Dein Verhalten in der einen oder anderen Richtung, es erläutert mehr oder weniger Deine Vorliebe, das zu tun, was Du tust, angesichts der vielen anderen Dinge, die Du tun könntest. Die erste Frage, die mir zu den Motiven einfällt, ist: Auf welche Art und mit welcher Stärke zwingt jedes Motiv Dich zu handeln? Denn nicht alle besitzen in jeder Situation das gleiche Gewicht. Aufzustehen, um in die Schule zu gehen, ist verpflichtender als das Zähneputzen oder Duschen, und auch (glaube ich), als gegen die Coladose zu treten. Dagegen ist das Anziehen einer Hose oder wenigstens einer Unterhose, wie heiß es auch sein mag, genauso verpflichtend, wie in die Schule zu gehen, nicht wahr? Damit will ich Dir sagen, daß jede Art der Motive ihr eigenes Gewicht hat und Dich auf ihre Weise beeinflußt. Die Befehle etwa erhalten ihre Kraft teilweise aus der Angst, die Du vor meinen schrecklichen Repressalien hast, wenn Du mir nicht gehorchst; aber auch – hoffe ich – aus der Zuneigung und dem Vertrauen, die Du zu mir hast. Deswegen bist Du insgeheim davon überzeugt, daß das, was ich Dir befehle, Dich schützen und fördern soll oder – wie man gewöhnlich sagt, auch wenn Du darüber sauer bist – zu Deinem Besten ist. Natürlich zeigen die Befehle auch deshalb ihre Wirkung, weil Du eine Belohnung erwartest, Geld etwa oder Geschenke, wenn Du Dich verhältst, wie es von Dir erwartet wird. Die Gewohnheiten dagegen kommen vielmehr aus der Bequemlichkeit, in bestimmten Situationen der Routine zu folgen, und auch aus Deinem Interesse, nicht in Gegensatz zu den anderen zu geraten, sie haben also etwas mit dem Druck von anderen zu tun. Auch in den Gewohnheiten gibt es so etwas wie den Gehorsam gegenüber bestimmten Arten von Befehlen: Denke, um ein anderes Beispiel zu nehmen, an die Mode. Wie viele Lederjacken, Sportschuhe, Aufnäher mußt Du tragen, weil es unter Deinen Freunden so üblich ist und Du nicht auffallen willst!

Die Befehle und Gewohnheiten haben eines gemeinsam: Es scheint, daß sie von außen kommen, daß man sie Dir aufzwingt, ohne Dich um Erlaubnis zu fragen. Die Launen dagegen kommen von innen, sie treten spontan auf, ohne daß jemand sie Dir befiehlt oder Du sie jemandem nachzumachen glaubst. Ich nehme an, wenn ich Dich fragen würde, wann Du Dich am freisten fühlst – bei der Ausführung von Befehlen, dem Anpassen an Gewohnheiten oder dem Folgen Deiner Launen –, wirst Du mir sagen, Du seist freier, wenn Du Deinen Launen nachgibst, weil sie etwas von Dir sind und nicht von anderen abhängen. Aber, wer weiß: Womöglich gefällt Dir auch die sogenannte Laune, weil Du sie jemandem nachmachst, oder vielleicht entspringt sie einem Befehl, den Du einfach umkehrst: aus der Lust, Dich ihm zu widersetzen, eine Lust, die nicht in Dir geweckt worden wäre ohne den vorherigen Befehl, dem Du nicht gehorcht hast. – Für den Moment wollen wir hier die Sache auf sich beruhen lassen; es gibt schon genug Durcheinander.

Aber bevor wir zum Ende dieses Kapitels kommen, erinnern wir uns noch einmal an jenes griechische Schiff im Sturm, von dem Aristoteles erzählte. Da wir schon mit Wellen und Donner begonnen haben, können wir auch gut damit aufhören, damit das Kapitel symmetrisch wird. Der Kapitän des Schiffes befand sich, als wir ihn verließen, in einer kritischen Situation und mußte entscheiden, ob er die Fracht über Bord werfen sollte oder nicht, um den Schiffbruch zu vermeiden. Natürlich hat er den Befehl, die Waren zum Hafen zu bringen; es ist nicht gerade Brauch, sie ins Meer zu werfen, und es würde ihm wenig helfen, seinen Launen zu folgen, bei der Klemme, in der er sitzt. Wird er seinen Befehlen gehorchen, auch auf die Gefahr hin, sein Leben und das der gesamten Mannschaft zu verlieren? Hat er mehr Angst vor dem Zorn seines Chefs oder vor dem tobenden Meer? Unter normalen Umständen kann es ausreichen, das zu tun, was einem befohlen wird, aber manchmal ist es am klügsten, sich zu fragen, bis zu welchem Punkt man gehorchen soll. Schließlich ist der Kapitän nicht wie die Termiten, die wie Kamikaze-Flieger herauskommen, ob sie wollen oder nicht, weil ihnen nichts anderes übrigbleibt, als den Impulsen ihrer Natur »zu gehorchen«.

Und wenn in der Situation, in der er sich befindet, die Befehle nicht ausreichen, dann die Gewohnheiten noch viel weniger. Sie sind für das Normale da, für die alltägliche Routine. Ein Sturm auf hoher See ist wahrlich nicht der richtige Augenblick für Routine! Du ziehst Dir wie selbstverständlich jeden Morgen Unterhose und Hose an, aber wenn Du bei einem Brand keine Zeit dazu hättest, wäre das in der Situation bestimmt nicht Dein größtes Problem. Während des großen Erdbebens in Mexiko vor ein paar Jahren sah ein Freund von mir vor seinen Augen ein großes Haus einstürzen. Er eilte zu Hilfe und versuchte, eines der Opfer unter dem Schutt hervorzuziehen, das sich unbegreiflicherweise weigerte, die Trümmerfalle zu verlassen, bis es bekannte: »Ich habe nichts an.« Sonderpreis der Jury für die unangebrachte Verteidigung des Lendenschurzes! Soviel Anpassung an die Gewohnheiten ist etwas krankhaft, nicht wahr? Wir können annehmen, daß unser griechischer Kapitän ein praktischer Mensch war und daß die Routine, die Fracht zu retten, nicht ausreichte, um sein Verhalten bei Gefahr zu bestimmen. Und natürlich auch nicht, um sie fortzuwerfen, auch wenn in der Mehrzahl der Fälle dies normal gewesen wäre. Wenn es wirklich ernst wird, muß man sich etwas einfallen lassen und kann nicht einfach nur der Mode oder Gewohnheit folgen.

Es scheint auch kein günstiger Augenblick zu sein, den Launen nachzugeben. Wenn man Dir sagen würde, der Kapitän dieses Schiffes habe die Ladung über Bord geworfen, nicht weil er es für klug hielt, sondern aus einer Laune heraus (oder er habe sie aus dem gleichen Grund im Laderaum gelassen), was würdest Du denken? Ich antworte für Dich: daß er ein bißchen verrückt war. Das Vermögen oder das Leben aufs Spiel zu setzen ohne eine andere Triebfeder als eine Laune hat viel von Verrücktheit. Und wenn die verrückte Laune das Vermögen oder das Leben des Nächsten in Gefahr bringt, verdient sie noch härter beurteilt zu werden. Wie ist so ein launenhafter und unzuverlässiger Mensch dazu gekommen, ein Schiff zu befehligen? Bei einem Sturm vergehen einem vernünftigen Menschen fast alle Launen, und er hat nur den intensiven Wunsch, keine Fehler zu machen und die richtigen Entscheidungen zu treffen.

Handelt es sich demnach um ein einfaches praktisches Problem, das beste Mittel zu finden, gesund und heil im Hafen anzukommen? Nehmen wir an, der Kapitän kommt zu dem Schluß, daß es für die Rettung ausreicht, ein gewisses Gewicht ins Meer zu werfen, entweder in Form von Waren oder von Mitgliedern der Mannschaft. Er könnte daher die Seeleute zu überzeugen versuchen, die vier oder fünf unfähigsten von ihnen über Bord zu werfen; auf diese Weise hätten sie eine gute Chance, die Fracht zu retten. Von einem praktischen Standpunkt aus ist dies womöglich die beste Lösung, um die Haut zu retten und auch den Gewinn zu sichern. Trotzdem – etwas an dieser Entscheidung wirkt auf mich abstoßend, und ich nehme an, auch auf Dich. Liegt das daran, daß man mir den Befehl gegeben hat, solche Sachen nicht zu tun, oder daß ich nicht daran gewöhnt bin oder einfach daran, daß es mir nicht zusagt – so launenhaft, wie ich bin –, mich so zu verhalten?

Ich werde Dir hier nicht verraten, wie sich unser gebeutelter Kapitän letzten Endes entschieden hat. Hoffentlich hat er richtig gehandelt und günstigen Wind gehabt, um nach Hause zurückzukehren! Wenn ich an ihn denke, wird mir klar, daß wir alle im gleichen Boot sitzen. – Für den Augenblick lassen wir es bei den Fragen, die wir aufgeworfen haben, und hoffen, daß uns günstige Winde bis zum nächsten Kapitel bringen, wo wir sie wiederfinden und versuchen werden, sie zu beantworten.

Lies noch was

»Also steht die Tugend und ebenso auch das Laster in unserer Gewalt. Denn wo das Tun in unserer Gewalt ist, da ist es auch das Lassen, und wo das Nein, auch das Ja. Wenn also das Tun des Guten in unserer Gewalt steht, dann auch das Unterlassen des Bösen; und wenn das Unterlassen des Guten in unserer Gewalt steht, dann auch das Tun des Bösen.«

Aristoteles, *Nikomachische Ethik*

»Bei der Kunst des Lebens *ist der Mensch sowohl der Künstler als auch der Gegenstand seiner Kunst. Er ist der Bildhauer und der Stein, der Arzt und der Patient.*«

Erich Fromm, *Psychoanalyse und Ethik*

»Wir haben nunmehr 4 Prinzipien der Moral:
1) *ein philosophisches:* Tue das Gute um seiner selbst willen, aus Achtung fürs Gesetz;
2) *ein religiöses:* Tue es darum, weil es Gottes Wille ist, aus Liebe zu Gott;
3) *ein menschliches:* Tue es, weil es deine *Glückseligkeit* befördert, aus Selbstliebe;
4) *ein politisches:* Tue es, weil es die Wohlfahrt der großen Gesellschaft befördert, von der du ein Teil bist, aus Liebe zur Gesellschaft, mit Rücksicht auf dich.«

Georg Christoph Lichtenberg, *Aphorismen*

»Nicht daß wir lange leben, darf man Sorge tragen, sondern befriedigend: denn daß du lange lebst, bedarf es des Schicksals, befriedigend, des Geistes. Lang ist das Leben, wenn es erfüllt ist: es wird aber erfüllt, wenn die Seele das ihr eigene

Gut entwickelt und die Herrschaft über sich selbst an sich genommen hat.«

Seneca, *Briefe an Lucilius*

Kapitel 3

Tu, was Du willst

Wir haben gesehen, daß es unterschiedliche Gründe gibt, warum wir etwas tun: 1. weil man es uns befiehlt (die Eltern, wenn wir jung sind, die Vorgesetzten oder die Gesetze, wenn wir erwachsen sind); 2. weil man sich daran gewöhnt hat, es so zu tun (manchmal zwingen uns die anderen mit ihrem Beispiel und ihrem Druck die Routine auf – aus Angst vor der Blamage, der Zensur, dem Gerede, dem Wunsch, in der Gruppe akzeptiert zu werden usw. – und manchmal schaffen wir selbst die Routine); 3. weil es ein Mittel ist, das zu erreichen, was wir wollen (z.B. mit dem Bus zur Schule zu fahren); oder 4. einfach weil uns eine verrückte Idee oder eine Laune eingegeben hat, plötzlich so zu handeln. Es zeigt sich aber, daß in wichtigen Situationen oder wenn wir das wirklich ernst nehmen, was wir tun wollen, alle diese geläufigen Motivationen sich als unbefriedigend herausstellen: Sie schmecken nach mehr, wie man so sagt.

Wenn jemand hinausgehen muß, um vor den Mauern von Troja sein Leben aufs Spiel zu setzen, indem er dem An-

45

griff des Achill trotzt, wie Hektor es getan hat; oder wenn man sich entscheiden muß, ob man die Fracht ins Meer wirft, um die Mannschaft zu retten, oder einige der Mannschaft, um die Fracht zu retten; oder in ähnlichen Situationen, auch wenn sie nicht so dramatisch sind (soll ich den Politiker wählen, der mehr für die Umwelt zu tun verspricht, obwohl er mit seiner angekündigten Steuererhöhung meinen persönlichen Interessen schadet, oder soll ich den unterstützen, der es mir ermöglicht, nach Belieben einen Haufen Geld zu verdienen, während die anderen sich durchschlagen müssen?): In all diesen Situationen reichen weder Befehle noch Gewohnheiten aus, und sie sind auch keine Frage der Laune. Der Leiter des Konzentrationslagers, der wegen der Tötung von Juden angeklagt ist, versucht sich herauszureden, indem er sagt, daß er »Befehle ausgeführt« habe, aber mich überzeugt diese Rechtfertigung nicht. In bestimmten Ländern ist es üblich, keine Wohnung an Schwarze zu vermieten, wegen ihrer Hautfarbe, oder an Homosexuelle, wegen ihrer sexuellen Neigung; aber so verbreitet diese Diskriminierung auch ist, sie scheint mir nicht akzeptabel zu sein. Die Laune, für ein paar Tage ans Meer zu fahren, ist verständlich, aber wenn jemand ein Baby hat und es während des Wochenendes alleine läßt, dann ist diese Laune nicht mehr sympathisch, sondern kriminell. Bist Du da nicht auch meiner Meinung?

Das alles hat mit der Frage der *Freiheit* zu tun, mit der sich eigentlich die Ethik beschäftigt, wie ich Dir schon gesagt habe. Freiheit besteht darin, ja oder nein sagen zu können, »Ich tue es« oder »Ich tue es nicht«, was auch immer mein Chef oder die anderen sagen, »Das gefällt mir, und ich will es«, »Das paßt mir nicht, und deshalb will ich es nicht«. Freiheit heißt *entscheiden*, aber auch, vergiß das nicht, Dir darüber *Rechenschaft zu geben*, wie Du Dich entscheidest. Freiheit steht in krassem Gegensatz zu *sich treiben lassen*, wie Du inzwischen sicher bemerkt hast. Und um Dich nicht treiben zu lassen, bleibt Dir nichts anderes übrig, als mindestens zweimal darüber nachzudenken, was Du tun willst; ja, zweimal, auch wenn Dir der Kopf weh tut. Beim ersten Mal, wenn Du über das Motiv Deiner Handlung nachdenkst, ist die Antwort auf die Frage »Warum tue ich das?«: Ich tue es, weil man es mir befohlen hat, weil es so üblich ist, weil ich Lust dazu habe. Aber wenn Du das zweite Mal darüber nachdenkst, sieht die Sache schon wieder anders aus. Ich tue das, weil man es mir befiehlt, aber ... Warum gehorche ich dem Befehl? Aus Angst vor Strafe? In der Hoffnung auf eine Belohnung? Bin ich dann nicht wie ein Sklave dessen, der mir befiehlt? Wenn ich gehorche, weil der, der den Befehl gibt, mehr weiß als ich, wäre es dann nicht ratsam, mich ausreichend zu informieren, damit ich für mich selbst entscheiden kann? Und wenn man mir etwas befiehlt, das mir nicht angemessen zu sein scheint? So wie man dem Nazi-Kommandanten befahl, die Juden im Konzentrationslager zu vernichten? Kann es nicht möglicherweise etwas »Schlechtes« sein – also für mich Unangemessenes –, so sehr man es mir auch befiehlt, oder etwas »Gutes« und Angemessenes, auch wenn niemand es mir befiehlt?

Mit den Gewohnheiten ist es genauso. Wenn ich nur einmal darüber nachdenke, was ich tue, genügt mir vielleicht die Antwort, daß ich so handle, »weil es so üblich ist«. Aber warum zum Teufel muß ich immer das tun, was man gewöhnlich tut (oder was ich normalerweise tue)? Dann wäre ich ja der Sklave der Leute in meiner Umgebung (so gute Freunde sie auch sein mögen) oder dessen, was ich gestern, vorgestern oder letzten Monat getan habe! Wenn ich von

Leuten umgeben bin, die aus Gewohnheit Schwarze diskriminieren, und mir das nicht besonders gut zu sein scheint, warum muß ich sie nachahmen? Wenn ich mir angewöhnt habe, Geld zu leihen und nie zurückzugeben, ich mich aber jedesmal mehr schäme, warum kann ich mein Verhalten nicht ändern und mich ab sofort mehr an die Gesetze halten? Kann nicht möglicherweise eine Gewohnheit wenig angemessen für mich sein, so sehr ich mich auch an sie gewöhnt habe? Und wenn ich mich zweimal über meine Launen befrage, ist das Ergebnis ähnlich wie bei den Befehlen und Gewohnheiten. Oft habe ich Lust, etwas zu tun, das sich sofort gegen mich wendet und das ich nachher bereue. In bedeutungslosen Angelegenheiten kann die Laune akzeptabel sein, aber wenn es sich um ernstere Sachen handelt, kann das Sich-treiben-Lassen, ohne nachzudenken, ob es sich um eine angemessene oder unangemessene Laune handelt, nicht ratsam sein; im Gegenteil, es kann sogar gefährlich sein: Die Laune, immer bei Rot über die Kreuzung zu fahren, macht vielleicht ein- oder zweimal Spaß, aber werde ich alt, wenn ich es Tag für Tag mache?

Kurz zusammengefaßt: Es kann Befehle, Gewohnheiten und Launen geben, die angemessene Motive zum Handeln sein mögen, aber in anderen Fällen muß es nicht so sein. Es wäre etwas idiotisch, sich allen Befehlen, Gewohnheiten und Launen widersetzen zu wollen, weil sich das manchmal als angemessen oder angenehm herausstellt. Aber niemals ist eine Handlung gut, nur weil sie ein Befehl, eine Gewohnheit oder eine Laune ist. Um zu wissen, ob etwas für mich wirklich angemessen ist oder nicht, muß ich das, was ich tue, genauer untersuchen und über mich selbst nachdenken. Niemand kann stellvertretend für mich frei sein, d.h. niemand kann mich davon freisprechen, für mich selbst zu wählen und zu suchen. Wenn man ein kleines Kind ist – unreif, mit geringer Lebenserfahrung und geringen Kenntnissen der Realität –, dann genügen der Gehorsam, die Routine oder die Laune. Aber das ist so, weil man noch von jemandem abhängt, sich in der Hand eines anderen befindet, der über uns wacht. Später muß man erwachsen werden, also fähig, in gewisser Weise sein eigenes Leben zu erfinden und nicht einfach das zu leben, was andere für einen erfunden haben. Natürlich können wir uns nicht alles ausdenken, weil wir nicht allein leben und man uns vieles aufzwingt, ob wir es wollen oder nicht. (Erinnere Dich daran, daß sich der arme Kapitän nicht ausgesucht hat, auf hoher See in einen Sturm zu geraten, und auch Achill hat Hektor nicht um Erlaubnis gebeten, Troja angreifen zu dürfen.) Aber wir müssen lernen, aus den Befehlen, die wir erhalten, den Gewohnheiten, die wir von unserer Umgebung annehmen oder die wir selbst entwickkeln, und den Launen, die uns überkommen, auszuwählen. Um Mensch zu sein und kein Herdentier (die Schafe mögen mir verzeihen), bleibt uns nichts anderes übrig, als zweimal darüber nachzudenken, was wir tun; und wenn Du es noch genauer wissen willst: in bestimmten Situationen sogar drei- oder viermal.

Das Wort »Moral« hat mit Gewohnheiten zu tun, denn genau das bedeutet das lateinische Wort *mores*, und auch mit Befehlen, denn die meisten Moralvorschriften lauten ungefähr so: »Du sollst das und das tun« oder »Laß dir nicht einfallen, etwas anderes zu tun«. Es gibt jedoch Gewohnheiten und Befehle – wie wir bereits gesehen haben –, die schlecht sein können, d.h. »unmoralisch«, mögen sie uns noch so vertraut und selbstverständlich sein. Wenn wir uns ernsthaft in die Moral vertiefen wollen, wenn wir wirklich lernen wollen, die Freiheit, die wir besitzen, gut zu gebrauchen (und genau in diesem Lernen besteht die »Moral« oder die »Ethik«, von der wir hier reden), dann ist es besser, sich von Befehlen, Gewohnheiten und Launen freizumachen. Das erste, das man aufgeben muß, ist natürlich der Gedanke, daß die Ethik eines freien Menschen etwas mit den Strafen oder Belohnungen zu tun hat, die durch eine Autorität verteilt werden, sei sie menschlich oder göttlich, das ist in diesem Fall gleich. Wer nur vor der Strafe flieht und die Belohnung sucht, die andere verteilen, nach von ihnen aufgestellten Normen, ist nicht besser als ein armer Sklave. Einem Kind genügen vielleicht der Stock und die Möhre als Lehrmeister für sein Verhalten, aber es ist eher traurig, wenn ein älterer Mensch diese Mentalität behält. Man muß sich auf andere Art orientieren.

Wir müssen hier die Begriffe, die wir verwenden, etwas genauer klären. Auch wenn ich von »Moral« und »Ethik« oft so spreche, als wäre das ein und dasselbe, haben beide Begriffe strenggenommen nicht die gleiche Bedeutung (verzeih, daß ich professoraler als üblich werde). »Moral« ist die Gesamtheit der Verhaltensweisen und Normen, die Du, ich und andere in unserer Umgebung als gültig anerkennen; »Ethik« ist die Reflexion darüber, *warum* wir sie als gültig ansehen, und der Vergleich mit der Moral anderer Personen. Aber hier benutze ich das eine oder andere Wort unterschiedslos weiter, immer im Sinne der *Kunst des Lebens*. Die Philosophen mögen mir verzeihen.

Ich erinnere Dich daran, daß man die Wörter »gut« und »schlecht« nicht nur auf moralisches Verhalten anwendet, und auch nicht nur auf Personen. Man sagt z.B., daß Maradona oder Lothar Matthäus sehr gute Fußballspieler sind, ohne daß diese Qualifikation etwas mit ihrem Bestreben zu tun hat, dem Nächsten außerhalb des Stadions zu helfen, oder mit ihrer Neigung, immer die Wahrheit zu sagen. Sie sind als Fußballspieler gut, ohne daß wir ihr Privatleben untersuchen. Und man kann auch sagen, ein Motorrad ist sehr gut, ohne daß dies eine ethische Bedeutung hätte: Wir meinen damit, daß es hervorragend funktioniert und alle Vorzüge besitzt, die man von einem guten Motorrad verlangen kann. Im Hinblick auf Fußballspieler oder Motorräder ist das »Gute« – das Angemessene – ziemlich klar. Wenn ich Dich danach frage, kannst Du mir sicher leicht die notwendigen Voraussetzungen dafür nennen, daß etwas im Sport oder bei Fahrzeugen die Qualifikation »überragend« verdient. Warum versuchen wir also nicht, auf die gleiche Weise zu definieren, was notwendig ist, um ein *guter Mensch* zu sein? Würde das nicht alle Probleme lösen, die wir hier auf ziemlich vielen Seiten diskutieren?

So einfach ist es allerdings nicht. Was die guten Fußballspieler, die guten Motorräder, die guten Rennpferde betrifft, sind die meisten Leute gewöhnlich einer Meinung, aber wenn es darum geht zu bestimmen, ob jemand im allgemeinen gut oder schlecht ist – als Mensch –, gehen die Meinungen sehr auseinander. Nehmen wir Paula: Ihre Mutter hält sie für den Gipfel der Bravheit, weil sie zu Hause gehorsam und artig ist, aber in der Klasse hassen sie alle, weil sie eine Schwätzerin ist und ständig Streit sucht. Sicher war der Nazi, der in Auschwitz die Juden vergaste, für seine Vorgesetzten so, wie er sein sollte. Aber nicht nur für die überlebenden Juden ist er ein Massenmörder. Jemanden »gut« zu nennen, bedeutet manchmal nichts Gutes. Dann etwa, wenn man sagt: »Der Soundso ist so ein guter Kerl – dieser Trottel!« Der spanische Dichter Antonio Machado war sich dieser Zweideutigkeit bewußt, und in seiner poetischen Autobiographie schrieb er: »Ich bin im guten Sinne des Wortes gut ...« Er meinte damit, daß jemanden »gut« zu nennen in vielen Fällen nichts anderes bedeutet, als daß der betreffende fügsam ist, die Neigung besitzt, nicht zu widersprechen oder keine Probleme zu verursachen, daß er bereit ist, die Platten zu wechseln, während die anderen tanzen, und ähnliches.

Für die einen bedeutet gut sein, ergeben und geduldig zu sein. Andere aber nennen die Person gut, die unternehmungslustig, originell ist, die keine Angst hat zu sagen, was sie denkt, auch wenn sie dadurch jemanden ärgern könnte. In Ländern wie Südafrika werden einige den Schwarzen für gut halten, der ihnen nicht auf den Wecker fällt und sich entsprechend den Regeln der Apartheid verhält, während andere nur die Gefolgsleute von Nelson Mandela so nennen. Weißt Du, warum es nicht so einfach ist zu bestimmen, wann ein Mensch »gut« ist und wann nicht? Weil wir nicht wissen, zu welchem Zweck die Menschen da sind. Ein Fußballspieler ist dazu da, so Fußball zu spielen, daß er Tore schießt und seiner Mannschaft zum Sieg verhilft. Ein Motorrad soll uns schnell, sicher und ohne Pannen von einem Ort zum andern bringen. Wir wissen, wann ein Spezialist so arbeitet oder ein Instrument so funktioniert, wie sie sollen, weil wir eine Vorstellung von der Leistung haben, die sie erbringen sollen, von dem, was man von ihnen erwartet. Aber wenn wir den Menschen im allgemeinen nehmen, wird die Sache kompliziert: Von uns Menschen fordert man manchmal Ergebenheit und manchmal Widerspenstigkeit, manchmal Eigeninitiative und manchmal Gehorsam, manchmal Großzügigkeit und ein andermal Sparsamkeit. Es ist nicht einmal einfach, eine Tugend zu definieren: Daß ein Fußballspieler ein Tor schießt, ohne einen Fehler zu machen, ist immer gut, aber die Wahrheit zu sagen, nicht. Würdest Du den gut nennen, der aus Grausamkeit dem Kranken sagt, daß er sterben wird, oder den, der verrät, wo sich das Opfer vor dem Mörder versteckt hat, der es töten will? Für Berufe und Instrumente gelten ziemlich klare Normen, die von anderen aufgestellt wurden; wenn sie erfüllt werden, gut; wenn nicht, schlecht, und basta. Man verlangt nichts anderes. Niemand verlangt von einem Fußballspieler – um ein guter Fußballspieler, nicht, um ein guter Mensch zu sein –, daß er karitativ oder wahrheitsliebend ist; niemand verlangt von einem Motorrad – damit es ein gutes Motorrad ist –, daß man damit nicht nur fahren, sondern auch noch Nägel einschlagen kann. Aber wenn man die Menschen im allgemeinen betrachtet, ist die Sache nicht so klar, weil es nicht nur eine einzige Vorschrift gibt, um ein guter Mensch zu sein, und der Mensch auch kein Instrument ist, mit dem man etwas erreichen will.

Man kann auf verschiedene Arten ein guter Mensch sein, und die Meinungen, die das Verhalten beurteilen, gehen gewöhnlich, je nach Situation, auseinander. Daher sagen wir manchmal, der und der ist »auf seine Art« gut. So geben wir zu, daß es viele Arten gibt, gut zu sein, und daß dies von der Umwelt abhängt, in der sich jeder befindet. Du siehst also bereits, daß es nicht leicht ist, von außen zu bestimmen, wer gut ist und wer schlecht, wer das Angemessene tut und wer nicht. Man muß nicht nur alle Umstände jedes Einzelfalles untersuchen, sondern auch die Absichten, die jeder hat. Weil es passieren könnte, daß jemand etwas Schlechtes tun wollte, zufällig aber etwas offensichtlich Gutes erreicht hat. Und den, der das Gute und Angemessene nur zufällig tut, nennen wir nicht »gut«, nicht wahr? Das Umgekehrte gilt genauso: Mit den besten Absichten der Welt könnte jemand eine Katastrophe herbeiführen und ohne eigenes Verschulden für ein Monstrum gehalten werden. Mir scheint, daß wir leider auf diesem Wege wenig klären.

Wir haben bereits gesagt, daß weder Befehle, Gewohnheiten, noch Launen uns als Richtschnur für die Ethik dienen können – und jetzt zeigt es sich, daß es keine klare Vorschrift gibt, die uns lehrt, ein guter Mensch zu sein und immer als solcher zu funktionieren – wie werden wir damit fertig? Die Antwort wird Dich sicher überraschen und vielleicht sogar empören. Ein äußerst unterhaltsamer französischer Autor des 16. Jahrhunderts, François Rabelais, erzählt in einem der ersten europäischen Romane die Abenteuer des Riesen Gargantua und seines Sohnes Pantagruel. Ich könnte Dir viel von diesem Buch erzählen, aber mir ist es lieber, wenn Du Dich früher oder später entscheidest, es selbst zu lesen. Ich erwähne nur, daß Gargantua sich bei einer Gelegenheit entschließt, einen mehr oder weniger religiösen Orden zu gründen und ihn in der Abtei von Thélème anzusiedeln, über deren Eingangstür dieses einzige Gebot steht: »Tu, was du willst.« Und alle Bewohner dieses heiligen Hauses tun nichts anderes als – das, was sie wollen. Was würdest Du davon halten, wenn ich Dir jetzt sage, daß über der Tür der richtigen Ethik nichts anderes geschrieben steht als diese gleiche Losung: »Tu, was Du willst«? Womöglich regst Du Dich über mich auf: Na so was, eine Moral steckt also dahinter! Eine Moral, die man sich aneignet, wenn alle einfach nur das tun, was sie wollen! Dafür haben wir soviel Zeit verschwendet und uns das Hirn zermartert? – Warte, warte, reg Dich nicht auf. Gib mir noch eine Chance: Tu mir den Gefallen und geh zum nächsten Kapitel weiter.

Lies noch was

»Ihre Lebensführung richtete sich nicht nach Satzungen, Regeln und Paragraphen, sondern einzig nach ihrem freien Willen und Gutdünken. Sie standen auf, wenn sie ausgeschlafen hatten, aßen, tranken, arbeiteten und ruhten, wie sie die Lust dazu ankam. Keiner weckte sie, noch zwang sie jemand zur Mahlzeit oder irgend etwas anderem. So hatte Gargantua es bestimmt. In ihrer Regel war nur die eine Verfügung:

›Tu, was Du willst.‹

Denn wackere, gut erzogene, gesunde und umgängliche Menschen haben von Natur aus einen Hang zum Guten und eine Abneigung gegen das Schlechte: ihr eingeborenes Ehrgefühl. Knechtschaft und Zwang aber stachelt zu Widerspruch und Auflehnung an und ist die Mutter alles Übels. Am heftigsten begehren wir nach verbotenen Früchten.«

François Rabelais, *Gargantua und Pantagruel*

»Die *humanistische Ethik* kann ebenso wie die autoritäre Ethik mittels formaler und materialer Kriterien erfaßt werden. In *formaler* Hinsicht beruht sie auf dem Prinzip, daß nur der Mensch selbst das Kriterium für Tugend und Sünde bestimmen kann, niemals aber eine Autorität, die ihn transzendiert. *Materialiter* basiert sie auf dem Prinzip: ›Gut‹ ist das, was für den Menschen gut ist, ›böse‹ ist das, was ihm schadet. Das Wohl des Menschen ist das einzige Kriterium für ein ethisches Werturteil.«

Erich Fromm, *Psychoanalyse und Ethik*

»Aber auch wenn der Verstand, falls er vollkommen ausgebildet und entwickelt ist, dafür ausreicht, um uns über die schädliche oder nützliche Tendenz von Eigenschaften oder Handlungen aufzuklären, genügt er dennoch nicht, um irgendeine moralische Ablehnung oder Zustimmung hervorzurufen. Nützlichkeit ist nichts anderes als eine Tendenz auf einen bestimmten Zweck hin; und wäre uns der Zweck gänzlich gleichgültig, so würden wir dieselbe Gleichgültigkeit auch gegenüber den Mitteln empfinden. Es ist erforderlich, daß sich hier ein *Gefühl* einstellt, damit den nützlichen gegenüber den schädlichen Tendenzen der Vorzug gegeben wird. Dieses Gefühl kann kein anderes sein als eine Sympathie mit dem Glück der Menschheit und eine Empörung über ihr Elend, da dies die verschiedenen Ziele sind, auf deren Förderung Tugend und Laster hinarbeiten. Hier gibt uns also der *Verstand* Aufschluß über die verschiedenen Tendenzen der Handlungen, und die *Menschlichkeit* macht eine Unterscheidung zugunsten derjenigen, die nützlich und wohltätig sind.«

David Hume, *Eine Untersuchung über die Prinzipien der Moral*

Kapitel 4

Mach Dir ein schönes Leben

Was will ich Dir sagen mit dem »Tu, was Du willst« als grundlegendem Motto dieser Ethik, an die wir uns herantasten wollen? Ganz einfach – auch wenn es Dir schwerfallen wird: Du mußt Dich befreien von Befehlen und Gebräuchen, von Belohnung und Strafe, kurz von allem, was Dich von außen lenken will, und Du mußt diese ganze Angelegenheit aus Dir selbst heraus, aus Deinem Gewissen und freien Willen entwickeln. Frage niemanden, was Du mit Deinem Leben anfangen sollst: Frage Dich selbst. Wenn Du wissen willst, wozu Du Deine Freiheit am besten einsetzen kannst, dann verliere sie nicht, indem Du Dich von Anfang an anderen unterwirfst, mögen sie auch noch so gut, weise und angesehen sein: Befrage über den Gebrauch der Freiheit – die Freiheit selbst.

Klar, weil Du ein kluger Kopf bist, hast Du wahrscheinlich bereits bemerkt, daß es hier einen gewissen Widerspruch gibt. Wenn ich Dir sage, »Tu, was Du willst«, sieht es so aus, als ob ich Dir regelrecht einen Befehl gebe: »Tu dies und nicht das«, auch wenn der Befehl darin besteht, daß Du aus freiem Willen handeln sollst. Wahrhaftig der komplizierteste Befehl, wenn man ihn aus der Nähe betrachtet! Wenn Du ihn ausführst, gehorchst Du ihm nicht (weil Du nicht das tust, was Du willst, sondern was ich will); wenn Du dem Befehl nicht gehorchst, führst Du ihn aus (weil Du das tust, was Du willst, und nicht das, was ich Dir befehle – aber das ist genau das, was ich Dir befehle!). Glaub mir, ich will Dir kein Rätsel aufgeben, wie die auf der Freizeitseite in den Zeitungen. Wenn ich Dir das alles auch mit einem Lächeln zu sagen versuche, damit wir uns nicht mehr als nötig langweilen, ist die Angelegenheit doch ernst: Es geht hier nicht darum, sich die Zeit zu vertreiben, sondern sie gut zu nutzen. Der offensichtliche Widerspruch, der in dem »Tu, was Du willst« steckt, ist nur ein Reflex des Kernproblems der Freiheit: daß wir nicht frei sind, *nicht* frei zu sein, daß wir nicht anders können, als frei zu sein. Und wenn Du mir sagst, das sei ja alles schön und gut, aber Du hättest genug und wolltest nicht länger frei sein? Und wenn Du Dich entscheidest, Dich dem Meistbietenden als Sklave anzubieten, oder zu schwören, daß Du in allem und für immer diesem oder jenem Tyrannen gehorchen willst? Dann tust Du das, weil Du es so willst, also *freiwillig*; und auch wenn Du einem anderen gehorchst oder mit dem Strom schwimmst, handelst Du weiter so, wie es Dir lieber ist: Du verzichtest dann nicht darauf zu wählen, sondern Du wählst, nicht selbst zu wählen. Daher sagte der französische Philosoph Jean-Paul Sartre: »Wir sind zur Freiheit verdammt.« Von dieser Verdammung gibt es keine Begnadigung.

Also, mein »Tu, was Du willst« ist nicht mehr als eine Form, Dir zu sagen, Du sollst das Problem der Freiheit ernst nehmen. Niemand kann Dich von der schöpferischen Verantwortung lossprechen, Deinen eigenen Weg zu wählen. Quäle Dich nicht mit der Frage, ob dieses ganze Theater um die Freiheit »die Mühe lohnt«, weil Du, ob Du es willst oder nicht, frei bist, und ob Du es willst oder nicht, wollen mußt. Auch wenn Du sagst, Du willst von diesen langweiligen Sachen nichts wissen und ich soll Dich in Ruhe lassen, willst Du etwas: Du willst nichts wissen, Du willst, daß man Dich in Frieden läßt – auch um den Preis, daß Du mehr oder weniger zum Herdentier wirst. Aber verwechseln wir dieses »Tu, was Du willst« nicht mit den Launen, über die wir gesprochen haben. Es ist eine Sache, daß Du tust, »was Du willst«, und eine andere, völlig verschiedene, daß Du tust, »wozu Du zuerst Lust hast«. In bestimmten Situationen kann allein die reine und einfache Lust auf irgend etwas durchaus genügen – z. B. wenn man Lust hat, in ein Restaurant essen zu gehen. Da Du ja glücklicherweise einen robusten Magen hast und Dich nicht darum kümmerst, ob Du dick wirst, geh nur und bestelle, worauf Du Lust hast. Aber Vorsicht, manchmal gewinnt man nicht durch die Lust, sondern verliert. Hierzu ein Beispiel.

Ich weiß nicht, ob Du viel in der Bibel gelesen hast. Sie ist voller interessanter Dinge, und man muß nicht sehr religiös sein – Du weißt ja, ich bin es nicht besonders –, um sie zu schätzen. Im ersten Buch, der Genesis, wird die Geschichte von Esau und Jakob, den Söhnen Isaaks, erzählt. Sie waren Zwillinge, aber Esau wurde zuerst geboren, wodurch er das Erstgeburtsrecht erhielt. Erstgeborener zu sein war in diesen Zeiten nicht ohne Bedeutung, weil damit verbunden war, daß man eines Tages den gesamten Besitz und alle Privilegien des Vaters erbte. Esau ging gerne auf die Jagd und wollte was erleben, während Jakob lieber zu Hause blieb und ab und zu etwas Köstliches kochte. Einmal kehrte Esau müde und hungrig vom Feld zurück. Jakob hatte einen leckeren Linseneintopf gekocht, und seinem Bruder, kaum hatte er das Essen gerochen, lief das Wasser im Mund zusammen. Er verspürte große Lust mitzuessen und bat Jakob darum, ihn einzuladen. Der Bruder meinte: »Sehr gerne, aber nicht umsonst, sondern im Austausch für das Erstgeburtsrecht.« Esau dachte: »Worauf ich jetzt Lust habe, sind die Linsen. Das Erbe meines Vaters werde ich irgendwann in der Zukunft antreten. Wer weiß, womöglich sterbe ich noch vor ihm!« Und er stimmte zu, seine zukünftigen Rechte als Erstgeborener gegen die schmackhaften Linsen der Gegenwart zu tauschen. Sie müssen fürchterlich gut gerochen haben, diese Linsen! Selbstverständlich bereute er das schlechte Geschäft, sobald er sich den Bauch vollgeschlagen hatte, was zu ziemlichen Problemen unter den Brüdern führte (mit dem nötigen Respekt sei gesagt, ich hatte immer den Eindruck, daß Jakob eine linke Type war). Aber wenn Du wissen willst, wie die Geschichte ausging, dann lies die Genesis. Für das, was ich mit diesem Beispiel sagen will, genügt das, was ich Dir erzählt habe.

Da ich Dich für etwas bockig halte, würde es mich nicht wundern, wenn Du versuchen würdest, diese Geschichte gegen meine früheren Aussagen zu kehren: »Hast du mir nicht diesen schönen Rat gegeben, ›Tu, was Du willst‹? Hier hast du das Ergebnis: Esau wollte Eintopf und setzte alles daran, ihn zu bekommen, und am Ende stand er ohne Erbe da. Ein toller Erfolg!« Ja, natürlich, aber ... Waren die Linsen das, was Esau *wirklich* wollte, oder waren sie das, was ihn nur in dem Augenblick reizte? Immerhin war das Erstgeburtsrecht damals eine einträgliche Sache, mit den Linsen dagegen ist es natürlich so: Wenn Du sie magst, ißt Du sie, wenn nicht, läßt Du sie stehen ... Es ist logisch zu denken, daß das, was Esau im Grunde wollte, das Erstgeburtsrecht war, das ihm in einem mehr oder weniger nahen Zeitraum das Leben beträchtlich verbessern sollte. Zufällig hatte er auch Lust, Eintopf zu essen, aber wenn er sich die Mühe gemacht hätte, nur ein bißchen nachzudenken, dann hätte er erkannt, daß dieser zweite Wunsch eine Weile hätte warten können, um nicht die Chance zu verspielen, das Wesentliche zu erreichen. Manchmal wollen wir Menschen einander widersprechende Sachen, die miteinander in Konflikt geraten. Es ist wichtig, Prioritäten setzen und eine gewisse Hierarchie bilden zu können zwischen dem, was einem sofort gefällt, und dem, was man eigentlich langfristig will. Und wenn man das nicht kann, sollte man Esau fragen.

In der Geschichte aus der Bibel gibt es ein wichtiges Detail. Was Esau dazu veranlaßt, den vor ihm stehenden Eintopf zu wählen und auf die zukünftige Erbschaft zu verzichten, ist der Schatten des Todes, oder wenn es Dir lieber ist, die Mutlosigkeit aufgrund der Kürze des Lebens. »Da ich weiß, daß ich auf jeden Fall sterben werde und vielleicht noch vor meinem Vater, warum soll ich mich abmühen und darüber nachdenken, was mir zusagt? Jetzt will ich Linsen und morgen bin ich vielleicht schon tot, also her mit den Linsen und basta!« Es scheint, als ob die Sicherheit des Todes Esau zu denken verleitete, daß das Leben sich nicht lohnt, daß alles gleich ist. Aber nicht durch das Leben ist alles gleich, sondern durch den Tod. Beachte: Aus Angst vor dem Tod entscheidet sich Esau zu leben, als wenn er bereits tot und alles egal wäre. Leben ist Zeit, und unsere Gegenwart ist voller Erinnerungen und Hoffnungen, aber Esau lebt, als ob es für ihn keine andere Realität gäbe als den Duft der Linsen, der ihm jetzt in die Nase steigt, ohne Gestern und Morgen. Und weiter: Unser Leben besteht aus Beziehungen zu den anderen – wir sind Eltern, Kinder, Brüder, Freunde oder Feinde, Erben oder Beerbte –, aber Esau entscheidet, daß die Linsen (die eine Sache sind, keine Person) für ihn mehr zählen als diese Verbindungen zu anderen, die ihn zu dem machen, was er ist. Und jetzt eine Frage: Erreicht Esau wirklich das, was er will, oder ist es nicht so, daß der Tod ihn hypnotisiert und sein Wollen lähmt und zerstört?

Lassen wir Esau mit seinen kulinarischen Launen und seinen Familiengeschichten. Kehren wir zu Deinem Fall zurück, der uns hier interessiert. Wenn ich Dir sage, Du sollst tun, was Du willst, scheint es angebracht, daß Du zuerst ausführlich und gründlich darüber nachdenkst, was Du willst. Zweifellos gefallen Dir viele, einander oft widersprechende Sachen, wie das bei allen so ist: Du möchtest ein Motorrad haben, willst Dir aber nicht auf der Straße den Hals brechen, Du möchtest Freunde haben, aber ohne Deine Unabhängigkeit zu verlieren, Du möchtest Geld haben, aber Du möchtest nicht den Nächsten ausbeuten, um es zu bekommen, Du möchtest etwas wissen und verstehst daher, daß man lernen muß, aber Du möchtest Dich auch vergnügen, Du möchtest, daß ich Dir nicht auf den Wecker gehe und Dich nach Deiner Art leben lasse, aber Du willst auch, daß ich da bin, um Dir zu helfen, wenn es nötig ist. Wenn Du all dies resümieren und Deinen wahren Wunsch in Worte fassen müßtest, würdest Du mir sagen: »Was ich will, Papa, ist, *mir ein schönes Leben machen.*« Bravo! Du hast einen Orden verdient! Genau das wollte ich Dir raten: Als ich Dir sagte, »Tu, was Du willst«, wollte ich Dir im Grunde empfehlen, daß Du es wagst, Dir ein schönes Leben zu machen. Achte nicht auf die Traurigen und die Frommen: Die Ethik ist nicht mehr als der rationale Versuch herauszubekommen, wie man besser lebt. Wenn es sich lohnt, sich für die Ethik zu interessieren, dann, weil uns das schöne Leben gefällt. Nur wer geboren wird, um Sklave zu werden, oder wer solche Angst vor dem Tod hat, daß er glaubt, alles sei egal, der wendet sich den Linsen zu und lebt auf irgendeine Art.

Du willst Dir ein schönes Leben machen – wunderbar. Aber Du willst auch, daß dieses schöne Leben nicht das eines Blumenkohls oder eines Käfers ist, bei allem Respekt für beide Arten, sondern ein schönes *menschliches* Leben. Das ist, was Dir entspricht, glaube ich. Und ich bin sicher, daß Du darauf für nichts auf der Welt verzichten würdest. Mensch zu sein, das haben wir bereits erwähnt, besteht in erster Linie darin, mit den anderen Menschen Beziehungen zu haben. Wenn Du einen Haufen Geld haben könntest, ein Haus, viel prächtiger als ein Palast aus Tausendundeiner Nacht, die besten Klamotten, das teuerste Essen (Berge von Linsen!), die modernste Elektronik, aber dies alles zu dem Preis, daß Du niemals wieder Menschen siehst – wärst Du dann glücklich? Wie lange könntest Du so leben, ohne verrückt zu werden? Ist es nicht die größte Dummheit, Sachen haben zu wollen auf Kosten der Beziehung zu Menschen? Aber wenn genau der Vorzug all dieser Dinge darin besteht, daß sie Dir zu erlauben scheinen, eine bessere Beziehung zu den anderen zu haben? Mit Hilfe des Geldes hofft man, die anderen blenden oder kaufen zu können; die Klamotten sollen helfen, daß wir ihnen gefallen oder daß sie uns beneiden; genauso ist es mit dem schönen Haus, den guten Weinen. Ganz zu schweigen von den E-Geräten: Video und Fernseher helfen uns, andere Menschen besser zu sehen, Platten und CDs, sie besser zu hören. Sehr wenige Sachen aber bewahren ihre Vorzüge in der Einsamkeit; und wenn sie vollständig und endgültig ist, werden alle Sachen unwiderruflich bitter. Das schöne Leben des Menschen ist ein schönes Leben *unter*

Menschen – das Gegenteil könnte auch Leben sein, aber es wird weder schön noch menschlich sein. Siehst Du langsam, worauf ich hinauswill?

Dinge können schön und nützlich sein, die Tiere (zumindest einige) sind sympathisch, aber wir Menschen wollen menschliche Wesen sein, keine Werkzeuge oder Tiere. Und wir wollen auch wie Menschen behandelt werden, weil das Menschsein zum großen Teil davon abhängt, wie wir miteinander umgehen. Ich drücke mich deutlicher aus: Der Pfirsich entsteht als Pfirsich, der Leopard kommt bereits als Leopard zur Welt, aber der Mensch wird nicht ganz und gar als Mensch geboren, noch wird er es jemals ohne die Hilfe der anderen. Warum? Weil der Mensch nicht nur ein biologisches, natürliches Wesen ist (wie die Pfirsiche oder die Leoparden), sondern auch ein *kulturelles*. Es gibt keine menschliche Natur ohne kulturelles Lernen und ohne die Grundlage aller Kultur (d.h. ohne das Fundament unseres Menschseins): die *Sprache*. Die Welt, in der wir Menschen leben, ist eine Welt der Sprache, eine Realität aus Symbolen und Gesetzen, ohne die wir nicht nur unfähig wären, uns untereinander zu verständigen, sondern ohne die wir auch die Bedeutung dessen, was uns umgibt, nicht begreifen könnten. Niemand kann alleine sprechen lernen (wie er alleine lernen kann zu essen oder zu pinkeln – Verzeihung), weil die Sprache nicht nur eine natürliche und biologische Funktion des Menschen ist (auch wenn sie natürlich ihre Grundlage in unserer biologischen Beschaffenheit hat), sondern auch eine kulturelle Schöpfung, die wir von anderen Menschen erben und erlernen.

Mit jemandem zu reden und ihm zuzuhören bedeutet daher, ihn wie eine Person zu behandeln, zumindest zu beginnen, ihn menschlich zu behandeln. Es ist natürlich nur ein erster Schritt, denn die Kultur, mit deren Hilfe wir uns gegenseitig zivilisieren, hat ihren Ursprung in der Sprache, ist aber mehr als Sprache. Es gibt noch andere Formen, mit denen wir zeigen, daß wir uns als Menschen anerkennen: Arten des Respekts und der Rücksichtnahme, die wir füreinander haben. Wir alle wollen, daß man uns so behandelt, und wenn man es nicht tut, protestieren wir. Daher beklagen sich die Frauen, daß man sie wie ein »Objekt« behandelt, wie ein bloßes Schmuckstück oder Werkzeug; und wenn wir jemanden arg beschimpfen, nennen wir ihn »Du Tier!«, womit wir ihn darauf hinweisen, daß er das unter Menschen übliche Benehmen mißachtet und daß wir, wenn er so weitermacht, ihm mit gleicher Münze heimzahlen können. Das Wichtigste an dieser ganzen Geschichte scheint mir folgendes zu sein: daß die Humanisierung (das, was uns zu Menschen macht, zu dem, was wir sein wollen) ein wechselseitiger Prozeß ist (wie die Sprache). Weißt Du, was ich meine? Damit die anderen mich zu einem Menschen machen können, muß ich sie ebenfalls zu Menschen machen; wenn für mich alle wie Sachen oder Tiere sind, bin ich auch nicht besser als eine Sache oder ein Tier. Daher kann »sich ein schönes Leben machen« letzten Endes nicht sehr verschieden sein von »ein schönes Leben bereiten«. Denk doch bitte ein bißchen darüber nach.

Weiter unten werden wir die Frage wieder aufgreifen. Jetzt, um dieses Kapitel etwas entspannter zu beenden, schlage ich Dir vor, daß wir ins Kino gehen. Wenn Du willst, können wir einen tollen Film sehen mit Orson Welles als Regisseur und Hauptdarsteller: *Citizen Kane*. Ich rufe ihn Dir kurz ins Gedächtnis zurück: Kane ist ein Multimillionär, der ziemlich skrupellos in seinem Palast in Xanadu eine riesige Sammlung aller schönen und kostbaren Dinge der Welt angehäuft hat. Er hat zweifellos alles, und er benutzt alle in seiner Umgebung für seine Zwecke, als bloße Instrumente seines Ehrgeizes. Am Ende seines Lebens geht er alleine durch die Räume seines Wohnsitzes, die voller Spiegel sind, die ihm tausendmal das Bild eines Einsamen zurückwerfen: Nur sein Spiegelbild leistet ihm Gesellschaft. Am Ende stirbt er, ein einziges Wort murmelnd: »Rosebud!« Ein Journalist versucht, die Bedeutung dieses letzten Seufzers herauszufinden, aber ohne Erfolg. »Rosebud« ist der Name eines Schlittens, mit dem Kane als Kind spielte – als er noch in einer Umgebung voller Zuneigung lebte und denen Zuneigung schenkte, die ihn umgaben. Alle seine Reichtümer und seine ganze angesammelte Macht über die anderen konnten ihm nichts Besseres als jene Kindheitserinnerung kaufen. Dieser Schlitten, Symbol süßer menschlicher Beziehungen, war in Wahrheit das, was Kane wollte: das *schöne Leben*, das er geopfert hatte, um Tausende von Sachen zu erhalten, die ihm in Wirklichkeit nichts nützten. Und trotzdem haben ihn die meisten beneidet . . . Komm, gehen wir ins Kino, morgen machen wir weiter.

Lies noch was

»Einst kochte Jakob ein Gericht. Da kam Esau vom Feld, und er war erschöpft. Und Esau sagte zu Jakob: ›Laß mich doch schnell essen von dem Roten, dem Roten da, denn ich bin erschöpft!‹ Darum gab man ihm den Namen Edom. Da sagte Jakob: ›Verkaufe mir zuerst dein Erstgeburtsrecht!‹ Esau sagte: ›Siehe, ich gehe (ja doch) dem Sterben entgegen. Was soll mir da das Erstgeburtsrecht?‹ Jakob

66

aber sagte: ›Schwöre mir zuvor!‹ Da schwor er ihm und verkaufte sein Erstgeburtsrecht an Jakob. Und Jakob gab Esau Brot und ein Gericht Linsen; und er aß und trank und stand auf und ging davon. So verachtete Esau das Erstgeburtsrecht.«

Genesis, XXV, 29-34

»Vielleicht ist der Mensch deshalb schlecht, weil er sein ganzes Leben lang den Tod erwartet; und so stirbt er tausendmal im Tod der anderen und der Dinge. Denn jedes Wesen, das sich der Gefahr des Todes bewußt ist, wird verrückt: zu einem furchtsamen Verrückten, einem hinterlistigen Verrückten, einem bösen Verrückten, einem flüchtenden Verrückten, einem sklavischen Verrückten, einem wilden Verrückten, einem hassenden Verrückten, einem Unruhe stiftenden Verrückten, einem mordenden Verrückten.«

Tony Duvert, *Abécédaire malveillant*

»Der freie Mensch denkt über nichts weniger nach als über den Tod: seine Weisheit ist nicht ein Nachsinnen über den Tod, sondern über das Leben.«

Spinoza, *Die Ethik*

»Der freie Mensch ist der ohne Willkür wollende. Er glaubt an die Wirklichkeit; das heißt: er glaubt an die reale Verbundenheit der realen Zweiheit Ich und Du. Er glaubt an die Bestimmung und daran, daß sie seiner bedarf. (...) Es wird nicht so kommen, wie sein Entschluß es meint; aber was kommen will, wird nur kommen, wenn er sich zu dem entschließt, was er wollen kann.«

Martin Buber, *Ich und Du*

»Auch sich selbst hören zu können, ist eine Vorbedingung dafür, daß man auf andere hören kann; bei sich selbst zu Hause zu sein ist die notwendige Voraussetzung, damit man sich zu anderen in Beziehung setzen kann.«

Erich Fromm, *Psychoanalyse und Ethik*

Kapitel 5

Wach auf, Baby!

Kurze Zusammenfassung des letzten Kapitels: Der Jäger Esau, davon überzeugt, daß von vier Tagen, die er lebt, einer wie der andere sei, folgt dem Rat seines Bauches und verzichtet für einen guten Teller Linsensuppe auf sein Erstgeburtsrecht (Jakob war immerhin großzügig genug, ihn noch zweimal mitessen zu lassen). Der Bürger Kane seinerseits verkaufte viele Jahre lang alle Menschen, um sich alle Dinge kaufen zu können; am Ende seines Lebens erkennt er, daß er, wenn er könnte, sein ganzes Warenhaus voller kostbarster Sachen gegen die einzige unbedeutende Sache eintauschen würde – einen alten Schlitten –, die ihn an eine bestimmte Person erinnerte: an ihn selbst, bevor er sich dem Kaufen und Verkaufen widmete, als er es noch vorzog zu lieben und geliebt zu werden, statt zu besitzen und zu beherrschen.

Sowohl Esau als auch Kane waren davon überzeugt, daß sie taten, was sie wollten, aber keiner von beiden scheint erreicht zu haben, sich ein schönes Leben zu machen. Und trotzdem, wenn man sie gefragt hätte, was sie wirklich wollten, hätten sie das gleiche geantwortet wie Du (oder ich): »Ich will mir ein schönes Leben machen.« Schlußfolgerung: Es ist ziemlich klar, was wir wollen, aber es ist nicht so klar, worin dieses »schöne Leben« denn nun eigentlich besteht. Und das schöne Leben wollen ist nicht irgendein Wollen, wie wenn jemand Linsen, Bilder, Elektrogeräte oder Geld will. Dieses Wollen ist sozusagen einfach, es richtet sich auf einen einzigen Aspekt der Wirklichkeit, dahinter steckt keine ganzheitliche Sichtweise. Es ist natürlich nichts Schlechtes daran, Linsen zu wollen, wenn man Hunger hat, aber in der Welt gibt es andere Sachen, andere Beziehungen, das Festhalten am Vergangenen, das Hoffen auf das Kommende und noch viel mehr, alles, was Dir einfällt. Mit einem Wort: Der Mensch lebt nicht von Linsen allein. Um seine Linsen zu bekommen, opferte Esau zu viele wichtige Aspekte seines Lebens, er vereinfachte es über Gebühr. Er handelte, wie ich bereits sagte, unter dem Druck des bevorstehenden Todes. Der Tod ist ein großer Vereinfacher: Wenn Du dabei bist, alle viere von Dir zu strecken, haben nur wenige Sachen Bedeutung (die Medizin, die Dich retten kann; die Luft, die Dir erlaubt, noch einmal die Lungen zu füllen ...). Das Leben ist dagegen immer kompliziert und bringt auch fast immer Komplikationen mit sich. Wenn Du jeder Komplikation aus dem Wege gehst und die große Einfachheit suchst (her mit den Linsen!), glaube nicht, daß Du länger und besser leben willst. Eigentlich willst Du dann eher sofort sterben. Und wir haben gesagt, daß das, was wir wirklich wollen, das schöne Leben ist, nicht der sofortige Tod. Also kann uns Esau nicht als Vorbild dienen.

Auch Kane vereinfachte auf seine Weise das Problem. Im Unterschied zu Esau war er kein Verschwender, sondern ein ehrgeiziger Sammler. Was er wollte, war Macht, um die Menschen zu beherrschen, und Geld, um sich Sachen zu kaufen, viele schöne und sicher nützliche Sachen. Ich habe nichts dagegen, Geld zu wollen, und auch nichts gegen die Vorliebe für schöne oder nützliche Dinge. Ich traue den Leuten nicht, die sagen, Geld interessiere sie nicht, und die versichern, daß sie überhaupt nichts brauchen. Womöglich bin ich aus sehr schlecht gebranntem Lehm gemacht, aber es gefällt mir gar nicht, ohne einen Pfennig dazustehen, und wenn morgen Diebe das Haus ausrauben und meine Bücher mitnehmen würden (ich fürchte, viel mehr könnten sie nicht mitnehmen), würde es mir schwer im Magen liegen. Dennoch scheint mir der Wunsch, immer mehr (Geld, Dinge) haben zu wollen, auch nicht völlig normal zu sein. Denn die Sachen, die wir haben, haben andererseits auch uns: Was wir besitzen, besitzt uns. Dazu ein Beispiel: Eines Tages sagte ein buddhistischer Weiser seinem Schüler genau das, was ich Dir gerade sage, und der Schüler schaute ihn mit dem gleichen merkwürdigen Gesichtsausdruck an (»Der Typ hat sie nicht mehr alle«), mit dem Du vielleicht diese Seite liest. Dann fragte der Weise den Schüler: »Was gefällt dir in diesem Zimmer am meisten?« Der gewitzte Schüler zeigte auf einen wunderschönen Becher aus Gold und Elfenbein, der eine schöne Stange Geld gekostet haben mußte. »Gut, nimm ihn«, sagte der Weise, und der Junge ließ es sich nicht zweimal sagen und ergriff fest mit der rechten Hand das kostbare Stück. »Paß auf, daß du ihn nicht fallen läßt«, bemerkte der Meister scherzend und fügte hinzu: »Und gibt es nichts anderes, das dir noch gefällt?« Der Schüler gab zu, daß er dem Beutel voller Geld, der auf dem Tisch lag, auch nicht abgeneigt war. »Also los, greif zu!«, ermunterte ihn der andere. Und der Junge packte heftig mit der linken Hand den Beutel. »Und jetzt?«, fragte er den Meister mit gewisser Nervosität. Und der Weise erwiderte: »Jetzt kratz dich!« Das konnte er natürlich nicht. So kann es einem gehen, wenn man sich kratzen muß, wenn einen eine Stelle am Körper juckt – oder sogar an der Seele! Mit vollen Händen kann man sich nicht nach Belieben kratzen und gestikulieren. Was wir fest gepackt halten, packt uns ebenfalls auf seine Weise, es ist also wichtig aufzupassen, daß man nicht zu weit geht. In gewisser Hinsicht ist es das, was Kane passierte: Seine Hände und seine Seele waren so voll mit seinen Besitztümern, daß er sofort einen sonderbaren Juckreiz spürte und nicht wußte, womit er sich kratzen sollte.

Das Leben ist komplizierter, als Kane annahm, weil die Hände nicht nur zum Greifen da sind, sondern auch zum Kratzen oder Streicheln. Aber sein fundamentaler Irrtum war ein anderer – wenn nicht ich es bin, der sich irrt: Besessen davon, Sachen und Geld zu bekommen, behandelte er auch die Menschen wie Sachen. Er meinte, darin bestehe die Macht über sie. Eine starke Vereinfachung. Die größte Komplexität des Lebens ist genau die, daß die Menschen keine Sachen sind. Anfangs hatte Kane keine Schwierigkeiten: Sachen kann man kaufen und verkaufen, und genauso kaufte und verkaufte er Menschen. Darin bestand für ihn kein großer Unterschied. Sachen benutzt man, solange sie einem nützlich sind, und dann wirft man sie fort; Kane machte das gleiche mit den Menschen in seiner Umgebung, und man würde sagen, alles lief gut. So wie er Sachen besaß, wollte er auch Menschen besitzen, sie beherrschen und nach Belieben mit ihnen umgehen. So machte er es mit seinen Geliebten, seinen Freunden, seinen Angestellten, seinen politischen Rivalen, mit jedem Lebewesen. Natürlich fügte er den anderen großen Schaden zu, aber von seinem Standpunkt aus (dem

Standpunkt dessen, der sich, wie wir annehmen, ein »schönes Leben« machen wollte) ist das Schlechteste, daß er sich selbst weh getan hat. Das wollte ich klarstellen, weil es mir von größter Bedeutung scheint.

Täusch Dich nicht: Von einer Sache – mag sie auch die beste der Welt sein – kann man nur Sachen erhalten. Niemand kann etwas geben, das er nicht hat, nicht wahr? Noch viel weniger kann eine Sache mehr geben, als sie ist. Die Linsen sind nützlich, um den Hunger zu stillen, aber sie helfen nicht, Französisch zu lernen; das Geld ist für fast alles nützlich, aber dennoch kann man mit ihm keine echte Freundschaft kaufen (für viel Geld bekommt man Unterwürfigkeit, Schmarotzer als Freunde oder käuflichen Sex, aber nicht mehr). Also, ein Videogerät kann einem anderen ein Ersatzteil geben, aber keinen Kuß. Wenn wir Menschen einfache Sachen wären, würde uns das genügen, was uns die Sachen geben können. Aber das ist die Komplikation, von der ich gesprochen habe: Weil wir keine reinen Sachen sind, brauchen wir »Dinge«, die die Sachen nicht haben. Wenn wir die anderen wie Sachen behandeln, so wie Kane es tat, erhalten wir von ihnen ebenfalls nur Sachen: Auf Druck geben sie Geld heraus, dienen uns (wie Automaten), gehen weg, kommen herein, berühren uns oder lachen, wenn wir den richtigen Knopf drücken. Aber auf diese Weise geben sie uns niemals die subtileren Güter, die nur Menschen geben können. So erhalten wir keine Freundschaft, keinen Respekt und noch viel weniger Liebe. Keine Sache (auch kein Tier, weil dessen und unser Charakter zu verschieden sind) kann uns diese Freundschaft, Achtung, Liebe, mit einem Wort, diese fundamentale Anteilnahme geben, die man sich nur unter Gleichen gewährt und die uns – Dir, mir oder Kane, die wir Menschen sind – nur die Menschen geben können, die wir als solche behandeln. Das letztere ist wichtig, weil das bedeutet, daß wir Menschen uns gegenseitig zu Menschen machen. Wenn ich Menschen wie Menschen behandle und nicht wie Gegenstände (wenn ich das berücksichtige, was sie wollen oder benötigen, und nicht nur das, was ich aus ihnen herausholen kann), mache ich es möglich, daß sie mir zurückgeben, was nur eine Person einer anderen geben kann.

Kane übersah dieses kleine Detail und wurde sich (wenn auch zu spät) bewußt, daß er alles besaß, ausgenommen das, was ihm nur ein anderer Mensch geben konnte: echte Wertschätzung oder spontane Zuneigung oder einfach intelligente Gesellschaft. Weil Kane nie etwas wichtig schien außer Geld, war niemandem etwas an Kane wichtig, ausgenommen sein Geld. Und der berühmte Mann wußte auch noch, daß es seine Schuld war. Manchmal kann man die anderen wie Menschen behandeln und wird trotzdem von ihnen nur getreten, verraten oder ausgenutzt. Einverstanden. Aber zumindest rechnen wir damit, daß *eine* Person, auch wenn es nur eine einzige ist, uns respektiert: wir selbst. Wenn wir die anderen nicht zu Sachen machen, verteidigen wir zumindest unser Recht, für die anderen auch keine Sache zu sein. Wir wollen die Welt der Menschen möglich machen – diese Welt, in der sich die Menschen gegenseitig wie solche behandeln, die einzige, in der man wirklich gut leben kann. Ich vermute, daß die Verzweiflung Kanes am Ende seines Lebens nicht einfach daher kam, daß er die zärtlichen Bande menschlicher Beziehungen verlor, die er in seiner Kindheit besessen hatte, sondern daher, daß er es darauf angelegt hatte, sie zu verlieren, und er sein ganzes Leben ihrer Zerstörung widmete. Es ist nicht so, daß er sie nicht besessen hätte, vielmehr wurde ihm bewußt, daß er sie nicht einmal verdient hatte.

Aber Du wirst mir sagen, daß den Multimillionär Kane sicherlich unzählige Leute beneidet haben. Sicher haben viele gedacht: »*Der* weiß zu leben!« Na und? Wach endlich auf, Mensch! Die anderen können einen von ferne beneiden und nicht wissen, daß wir im selben Augenblick an Krebs sterben. Willst Du lieber den anderen gefallen, als Dich selbst zufriedenstellen? Kane erreichte alles, was nach dem Hörensagen einen Menschen glücklich macht: Geld, Macht, Einfluß, Diener. Und er entdeckte schließlich, daß ihm – mochten die Leute sagen, was sie wollten – das Wesentliche fehlte: die echte Zuneigung, Achtung und sogar Liebe freier Menschen, von Menschen, die er als solche behandelte und nicht wie Sachen. Du sagst womöglich, dieser Kane war etwas seltsam; wie es die Protagonisten von Filmen meistens sind. Viele wären aufs höchste zufrieden gewesen, in so einem Palast und in einem solchen Luxus zu leben; die meisten, versicherst Du mir wie ein Zyniker, hätten sich überhaupt nicht an den Schlitten »Rosebud« erinnert. Womöglich war Kane etwas daneben ... Wie kann man sich bloß unglücklich fühlen bei der Unmenge von Sachen, die er besaß! Und ich sage Dir, laß die anderen in Ruhe und denk nur an Dich. Das schöne Leben, das Du willst, ist es so wie das von Kane? Begnügst Du Dich mit dem Linsengericht des Esau?

Du antwortest nicht besonders schnell. Was die Ethik genau beabsichtigt, ist herauszufinden, worin eigentlich, über das hinaus, was man uns erzählt oder was wir in der Fernsehwerbung sehen, dieses verflixte schöne Leben besteht, das uns so gefällt. Wir wissen jetzt bereits, daß ein schönes Leben auf Dinge angewiesen ist (wir brauchen z.B. Linsen, die viel Eisen enthalten), aber daß es Menschen noch weniger entbehren kann. Mit den Sachen müssen wir wie mit Sachen umgehen, und die Menschen müssen wir wie

Menschen behandeln: So helfen uns die Sachen in vieler Hinsicht, die Menschen aber in einem fundamentalen Aspekt, den keine Sache ausfüllen kann, nämlich Menschen zu sein. Du fragst Dich jetzt vielleicht, ob wirklich Kane spinnt – oder ich? Womöglich ist es nicht wichtig, Mensch zu sein, weil wir es ohnehin schon sind, ob wir wollen oder nicht. Aber man kann Mensch-Sache oder Mensch-Mensch sein, entweder ein Mensch, der sich einfach nur darum kümmert, die Sachen des Lebens zu bekommen – alle Sachen, je mehr, desto besser –, oder ein Mensch, der das Menschsein genießt, das er unter Menschen erfährt! Setz Dich bitte nicht selbst herab, überlaß das den Kaufhäusern; zu denen paßt es!

Ich kann mir vorstellen, daß viele dem, was ich sage, auf den ersten Blick keine allzu große Bedeutung beimessen. Kann man ihnen trauen? Sind sie die Klügsten, oder schenken sie einfach dem wichtigsten Thema – ihrem Leben – weniger Aufmerksamkeit? Man kann für die Geschäfte oder die Politik klug und gleichzeitig in ernsthafteren Angelegenheiten, z.B. wie man gut lebt, ein großer Depp sein. Kane war in dem ungeheuer klug, was sich auf das Geld oder die Manipulation der Leute bezog, aber am Ende wurde ihm bewußt, daß er sich im Wichtigsten geirrt hatte. Da, wo er unbedingt richtig handeln mußte, lag er daneben. Ich wiederhole ein Wort, das mir in diesem Zusammenhang wesentlich zu sein scheint: *Aufmerksamkeit*. Ich meine damit die Fähigkeit, über das, was man tut, zu reflektieren und zu versuchen, den Sinn dieses »schönen Lebens«, das wir haben wollen, möglichst genau zu definieren. Und zwar ohne bequeme, aber gefährliche Vereinfachungen, wenn wir versuchen, die gesamte Komplexität dieser Angelegenheit des Lebens (ich meine des *menschlichen* Lebens) zu verstehen – und das ist ganz schön schwer.

Ich glaube, die erste und unerläßliche ethische Bedingung ist die, entschlossen zu sein, nicht auf *irgendeine* Art leben zu wollen: davon überzeugt zu sein, daß nicht alles egal ist, auch wenn wir früher oder später sterben werden. Wenn man von »Moral« redet, meinen die Leute gewöhnlich die Befehle und Gewohnheiten, die man zu respektieren pflegt, zumindest anscheinend und manchmal ohne genau zu wissen, warum. Aber vielleicht liegt die wahre Schwierigkeit nicht darin, sich einem Kodex zu unterwerfen oder sich den aufgestellten Regeln zu widersetzen (was ebenfalls bedeutet, sich einem Kodex zu unterwerfen, einem umgekehrten), sondern in dem Versuch zu verstehen. Zu verstehen, warum uns bestimmte Verhaltensweisen gefallen und andere nicht, zu verstehen, woher das Leben kommt und was es für uns Menschen »schön« machen kann. Vor allem, sich nicht damit zufriedenzugeben, für gut gehalten zu werden, vor den anderen gut zu sein. Natürlich muß man dafür nicht nur wie ein Luchs aufpassen oder wie ein Roboter gehorchen, sondern auch mit den anderen reden, ihnen recht geben und ihnen zuhören. Aber die Mühe, sich zu entscheiden, muß jeder in Einsamkeit auf sich nehmen: *Niemand kann für Dich frei sein.*

Zum Schluß stelle ich Dir zwei Fragen, über die Du nachdenken solltest. Die erste lautet: Warum ist das Schlechte schlecht? Die zweite ist noch besser: Was bedeutet es, »Menschen wie Menschen zu behandeln«? Wenn Du weiterhin Geduld mit mir hast, werden wir die Fragen in den nächsten beiden Kapiteln zu beantworten versuchen.

Lies noch was

»Die Schwäche des Menschen macht ihn gesellig; unser gemeinsames Unglück öffnet unser Herz der Menschlichkeit: wären wir nicht Menschen, so schuldeten wir ihr auch nichts. Jede Anhänglichkeit ist ein Zeichen von Schwäche; wenn keiner von uns der anderen bedürfte, dächte er gar nicht daran, sich mit ihnen zusammenzutun. So entsteht gerade aus unserer Schwäche unser zerbrechliches Glück. Ein wahrhaft glückliches Wesen ist ein einsames Wesen: Gott allein genießt ein absolutes Glück; aber wer von uns könnte es sich vorstellen? Vermöchte irgendein unvollkommenes Wesen sich selbst zu genügen, wessen könnte es sich nach unserer Vorstellung erfreuen? Es wäre einsam, es wäre unglücklich. Ich kann mir nicht vorstellen, daß der, der gar nichts braucht, irgend etwas lieben könnte: ich kann mir nicht vorstellen, daß der, der nichts liebt, glücklich sein könnte.«

Jean-Jacques Rousseau, *Emile oder Über die Erziehung*

»Denn was die Menschen angeht, bei denen die beschäftigte Armut fälschlich die Bezeichnung Reichtum erhalten hat – in der Weise haben sie Reichtum, wie man von uns sagt, wir hätten Fieber, während das Fieber uns hat.«

Seneca, *Briefe an Lucilius*

»Da die Vernunft nichts wider die Natur fordert, so verlangt sie demnach selbst, daß ein jeglicher sich selber liebe, seinen Nutzen – nämlich was ihm wahrhaft nützlich sei – aufsuche und alles das erstrebe, was den Menschen wahrhaft zu größerer Vollkommenheit führt, und überhaupt, daß jedermann, so viel an ihm liegt, sein Sein zu erhalten bestrebt sei. (...) Für den Menschen ist daher nichts nützlicher als der

Mensch, und nichts Vorzüglicheres, behaupte ich, vermögen die Menschen sich zur Erhaltung ihres Seins sich zu wünschen, daß alle in allem derart übereinstimmten, daß alle Geister und Körper zusammen gleichsam einen einzigen Geist und einen einzigen Körper bildeten und alle zumal, so viel als möglich, ihr Sein zu erhalten strebten, und alle zumal den gemeinsamen Nutzen aller für sich suchten: woraus folgt, daß Menschen, die von der Vernunft geleitet werden, d.h. Menschen, die nach Anleitung der Vernunft ihren Nutzen suchen, nichts für sich verlangen, was sie nicht auch für die übrigen Menschen fordern, d.h. also: gerecht, treu und ehrenhaft zu sein.«

Spinoza, Die Ethik

Kapitel 6

Die Grille taucht auf

Weißt Du, was die einzige Verpflichtung ist, die wir in diesem Leben haben? Nun, nicht imbezil zu sein. Das Wort »imbezil« ist vielsagender, als es scheint, auch wenn Du es nicht glaubst. Es ist vom lateinischen *baculus* abgeleitet, das »Stock, Stütze« bedeutet: Imbezil ist der, der beim Gehen einen Stock braucht. Die Lahmen und Alten brauchen sich aber nicht aufzuregen. Der Stock, den wir meinen, ist nicht der, den man zu Recht benutzt, um sich nach einem Unfall oder aus Altersgründen darauf zu stützen und mit seiner Hilfe zu gehen. Der Imbezile kann völlig beweglich sein und hüpfen wie eine Gazelle – aber das ist nicht das Problem. Wenn er hinkt, dann nicht mit den Füßen, sondern an der Seele: Sein Geist ist der Schwächling und das Hinkebein, auch wenn sein Körper gewaltige Luftsprünge macht. Es gibt Imbezile verschiedenster Art. Imbezil ist:

a) Wer glaubt, er wolle nichts; wer sagt, ihm sei alles egal; wer in einem dauernden Gähnen oder einem permanenten Mittagsschlaf lebt, auch wenn er die Augen offen hat und nicht schnarcht.

b) Wer glaubt, er wolle alles; das erstbeste, das man ihm präsentiert, und das Gegenteil davon: weggehen und bleiben, tanzen und sitzen bleiben, Knoblauch kauen und zärtliche Küsse geben, alles auf einmal.

c) Wer nicht weiß, was er will, und sich auch nicht die Mühe macht, es herauszufinden. Dieser Imbezile will das, was seine Nachbarn wollen, oder ohne besonderen Grund etwas anderes; alles, was er tut, wird von der Mehrheitsmeinung der Leute in seiner Umgebung diktiert: Er ist Konformist ohne Überlegung oder Rebell ohne Grund.

d) Wer weiß, daß er will und was er will und, mehr oder weniger, warum er es will, es aber nur schwach, ängstlich oder ohne besonderen Nachdruck will. Am Ende tut er immer das, was er nicht will, und hebt sich das, was er will, für morgen auf – vielleicht ist er dann in besserer Stimmung.

e) Wer mit Macht und Gewalt will, wie ein Wilder, sich aber über die Realität täuscht, sich gewaltig irrt und schließlich das schöne Leben mit dem verwechselt, was ihn fertigmacht.

Alle diese Arten der Imbezillität benötigen einen Stock, sie müssen sich auf fremde Sachen stützen, die nichts mit eigener Freiheit und Selbstreflexion zu tun haben. Leider muß ich Dir sagen, daß die Imbezilen gewöhnlich ziemlich böse enden – egal, was man sonst über sie sagt. Wenn ich sage, daß sie »böse enden«, meine ich damit nicht, daß sie im Gefängnis landen oder von einem Blitzschlag getroffen werden (so etwas passiert normalerweise nur im Film), sondern daß sie sich gewöhnlich selbst weh tun und es niemals schaffen, das schöne Leben, das Dir und mir so gut gefällt, zu leben. Und ich bedaure noch mehr, Dir sagen zu müssen, daß wir fast alle Anzeichen der Imbezillität haben; zumindest stelle ich sie dann und wann bei mir fest; hoffentlich geht es Dir da besser. Schlußfolgerung: Achtung, aufgepaßt! Die Imbezillität lauert uns auf und kennt kein Pardon!

Verwechsle die Imbezillität, von der ich hier rede, bitte nicht mit dem, was man oft »blöd sein« nennt, dumm sein, wenig wissen, die Trigonometrie nicht verstehen oder unfähig sein, den Konjunktiv des französischen Verbs *aimer* zu lernen. Man kann zu dumm sein für die Mathematik (wie ich!) und es nicht sein für die Moral, also für das schöne Leben. Und umgekehrt: Es gibt Leute, die in Geschäften äußerst klug sind und wahre Idioten in Fragen der Ethik. Die Welt ist sicher voller Nobelpreisträger, die auf ihrem Gebiet die Klügsten sind, in der Frage aber, die uns hier beschäftigt, herumstolpern und wie Blinde herumtasten. Natürlich müssen wir, um überall die Imbezillität zu vermeiden, aufpassen, wie wir bereits im vorigen Kapitel gesagt haben, und uns die größte Mühe geben zu lernen. Diese Voraussetzungen gelten in gleicher Weise für die Physik, die Archäologie und die Ethik. Aber gut zu leben ist nicht das gleiche wie zu wissen, wieviel zwei und zwei ist. Das zu wissen ist zweifellos eine schöne Sache, aber für den in moralischen Dingen Imbezilen ist es nicht dieses Wissen, das ihn vor dem Absturz bewahren kann. – Wieviel sind denn jetzt eigentlich zwei plus zwei?

Das Gegenteil von moralisch imbezil zu sein ist, ein *Gewissen* zu haben. Aber das Gewissen ist nicht etwas, das wir bei einer Tombola gewinnen können oder das vom Himmel fällt. Natürlich muß man anerkennen, daß bestimmte

Personen von klein auf ein besseres ethisches »Gehör« haben als andere und einen spontanen moralischen »guten Geschmack«, aber dieses »Gehör« und dieser »gute Geschmack« können sich auch in der Praxis festigen und entwickeln (genau wie das musikalische Gehör und der ästhetische gute Geschmack). Und wenn jemand überhaupt kein solches »Gehör« oder keinen solchen »guten Geschmack« in Fragen des guten Lebens besitzt? Dann steht es sehr schlecht um ihn. Man kann viele ästhetische Gründe angeben, gestützt auf die Geschichte, die Harmonie der Formen und Farben – was Du willst –, um zu rechtfertigen, daß ein Gemälde von Dalí größeren künstlerischen Wert besitzt als ein Bild von den Ninja-Turtles. Aber wenn jemand nach vielem Gerede sagt, ihm gefielen die Schildkröten besser als *Die weichen Uhren* von Dalí, dann weiß ich nicht, wie wir ihn von seinem Irrtum befreien können. Genauso fürchte ich, wenn jemand keine Bosheit darin sieht, ein Kind mit dem Hammer zu erschlagen, um ihm den Schnuller zu rauben, daß wir uns heiser reden, bevor wir ihn überzeugen können.

Ich gebe zu, daß man einige angeborene Eigenschaften benötigt, um ein Gewissen zu haben, genauso wie für die Liebe zur Musik oder den Gefallen an der Kunst. Und ich nehme an, daß auch gewisse soziale und ökonomische Voraussetzungen günstig sind, denn man kann schwerlich von jemandem, der von der Wiege an das menschlich Notwendigste entbehren mußte, die gleiche Leichtigkeit für das Verständnis des schönen Lebens verlangen wie von denen, die größeres Glück hatten. Wenn niemand Dich wie einen Menschen behandelt, ist es kein Wunder, wenn Du zum Tier wirst. Aber wenn wir dieses Minimum zugestehen, hängt der Rest, glaube ich, von der Aufmerksamkeit und der Anstrengung eines jeden ab. Worin besteht dieses Gewissen, das uns von der moralischen Imbezillität befreit? Seine Merkmale sind grundsätzlich folgende:

a) Wissen, daß nicht alles egal ist, weil wir wirklich leben wollen und außerdem gut leben, menschlich gut leben wollen.
b) Aufpassen, ob das, was wir tun, mit dem übereinstimmt, was wir wirklich wollen – oder nicht.
c) Einen *guten moralischen Geschmack* entwickeln, lernen, daß es bestimmte Dinge gibt, die wir spontan ablehnen (z.B., daß es einen ekelt zu lügen, wie es einen normalerweise ekelt, in die Suppenschüssel zu pinkeln, aus der wir uns im nächsten Moment bedienen wollen).
d) Keine Ausreden suchen, die verbergen, daß wir frei und daher vernünftigerweise für die Folgen unserer Handlungen *verantwortlich* sind.

Wie Du siehst, berufe ich mich bei diesen beschreibenden Merkmalen auf kein anderes Motiv, um das eine dem anderen, das Gewissen der Imbezillität vorzuziehen, als auf Deinen eigenen Nutzen. Warum ist das *schlecht*, was wir »schlecht« nennen? Weil es uns nicht das schöne Leben leben läßt, das wir wollen. Folgt daraus, daß man das Schlechte aus einer Art *Egoismus* meiden muß? Genau das – nicht mehr und nicht weniger. Im allgemeinen hat das Wort »Egoismus« einen negativen Beigeschmack: Man nennt jemanden egoistisch, der nur an sich selbst denkt und sich nicht um die anderen kümmert, der sogar so weit geht, sie zu verletzen, wenn er damit einen Vorteil erlangen kann. In diesem Sinne würden wir sagen, daß Kane ein »Egoist« war oder auch Caligula, jener römische Kaiser, der fähig war, jedes Verbrechen zu begehen, um der primitivsten Laune nachzugeben.

Solche und ähnliche Personen hält man gewöhnlich für egoistisch (sogar für furchtbar egoistisch), und natürlich zeichnen sie sich nicht aus durch ihr vorzügliches Gewissen oder durch ihr Bestreben, nichts Schlechtes zu tun.

Einverstanden, aber sind diese sogenannten Egoisten so egoistisch, wie es scheint? Wer ist der echte Egoist? Das heißt, wer kann Egoist sein, ohne imbezil zu sein? Die Antwort scheint mir offensichtlich: *Derjenige, der für sich selbst das Beste will.* Und was ist das Beste? Nun, das, was wir ein »schönes Leben« genannt haben. Hat Kane sich ein schönes Leben gemacht? Wenn wir das glauben, was uns Orson Welles erzählt, scheint dies nicht der Fall zu sein. Er behandelte die Menschen wie Sachen und blieb so ohne die Geschenke des Lebens, die einem als Mensch am meisten gefallen: die echte Zuneigung der anderen oder ihre Freundschaft ohne Berechnung. Und Caligula erst. Welches Leben bereitete sich dieser arme Kerl! Die einzigen echten Gefühle, die er bei seinem Nächsten wecken konnte, waren Haß und Schrecken. Man muß imbezil sein, moralisch imbezil, um anzunehmen, daß es besser ist, umgeben von Panik und Grausamkeit zu leben als von Liebe und Dankbarkeit. Am Ende legte den unaufmerksamen Caligula seine eigene Wache um. Welch miserabler Egoist war er, wenn er sich auf der Basis von Missetaten ein schönes Leben machen wollte! Hätte er wirklich an sich selbst gedacht (hätte er ein Gewissen gehabt), wäre ihm bewußt gewesen, daß wir Menschen, um gut zu leben, etwas brauchen, das uns nur die anderen Menschen geben können, wenn wir es verdienen, daß es aber unmöglich ist, ein gutes Leben mit Gewalt oder durch Täuschung zu rauben. Wenn man es raubt, verliert dieses Etwas (Respekt, Freundschaft, Liebe) seinen ganzen guten Geschmack und verwandelt sich langfristig in Gift. Die »Egoisten« wie Kane oder Caligula ähneln den Teilnehmern beim »Glücksrad«, die den höchsten Preis gewinnen wollen, sich aber irren und eine Niete ziehen.

Wir dürfen nur *den* einen konsequenten Egoisten nennen, der wirklich weiß, was für ihn zum guten Leben paßt, und der sich bemüht, es zu erreichen. Wer sich mit allem vollstopft, was ihm schlecht bekommt (Haß, kriminelle Launen, zum Preis von Tränen erkaufte Linsen usw.), möchte im Grunde Egoist sein, kann es aber nicht. Er gehört zum Kreis der Imbezilen, und ihm müßte etwas Gewissen verschrieben werden, damit er sich selbst mehr liebt. So ein armer Mensch (auch wenn er ein armer Millionär oder Kaiser ist) glaubt, daß er sich selbst liebt, achtet aber so wenig auf das, was ihm wirklich zusagt, daß er sich schließlich wie sein ärgster Feind verhält. Dies erkennt ein berühmter Schurke der Weltliteratur, Richard III. aus der gleichnamigen Tragödie von Shakespeare. Um König zu werden, beseitigt der Herzog von Gloucester (der schließlich als Richard III. gekrönt wird) alle seine männlichen Verwandten, sogar Kinder, die zwischen ihm und dem Thron stehen. Gloucester war sehr klug, aber bucklig, worunter sein Selbstbewußtsein ständig litt; er nahm an, die Königsmacht würde in gewisser Weise seinen Buckel und sein lahmes Bein ausgleichen, wodurch er den Respekt erlangen könnte, den er aufgrund seines körperlichen Gebrechens nicht erhielt. Im Grunde will Gloucester geliebt werden, er fühlt sich aufgrund seiner Mißbildung isoliert und glaubt, die Zuneigung könne den anderen aufgezwungen werden – gewaltsam, mit Hilfe der Macht. Er scheitert natürlich: Er kommt zwar auf den Thron, erfährt aber keine Zuneigung, sondern nur Abscheu und Haß. Und das Schlimmste von allem ist, daß er, der alle seine Verbrechen aus verzweifelter Selbstliebe verübt hat, schließlich selbst Abscheu und Haß gegen sich fühlt: Nicht nur hat er keinen neuen Freund gewonnen, sondern auch noch die einzige Liebe, die er sicher glaubte, verloren!

Hat er etwa nicht erreicht, was er wollte, den Thron? Doch, aber zum Preis der Zerstörung der echten Chance, von den anderen Menschen geliebt und geachtet zu werden. Ein Thron gewährt von sich aus weder echte Liebe noch wahren Respekt, er garantiert nur Schmeichelei, Furcht und Unterwürfigkeit. Vor allem, wenn man ihn durch Missetaten erlangt, wie Richard III. Anstatt auf irgendeine Weise seine körperliche Mißgestalt auszugleichen, deformiert sich Gloucester auch innerlich. Weder an seinem Buckel noch an seinem lahmen Bein war er schuld, weshalb er auch keinen Grund hatte, sich dieser Mißgeschicke zu schämen; die ihn auslachten oder ihn deswegen gering achteten, hätten sich schämen müssen. Äußerlich war er für die anderen mißgestaltet, aber er hätte sich innerlich intelligent, großzügig und der Zuneigung würdig wissen können; hätte er sich selbst wahrhaft geliebt, hätte er versuchen müssen, dieses saubere und aufrechte Innere, sein wahres Ich, durch sein Verhalten nach außen zu bringen. Das Gegenteil geschah: Seine Verbrechen verwandelten ihn vor seinen Augen (wenn er sich innen betrachtet, dort, wo niemand außer ihm Zeuge ist) in ein Monstrum, abstoßender als irgendein körperlich Mißgebildeter. Warum? Weil er für seinen moralischen Buckel und sein moralisches Hinken selbst verantwortlich ist, im Unterschied zu den anderen Mißbildungen, die Zufälligkeiten der Natur waren. Die durch Falschheit und Blut beschmutzte Krone macht ihn nicht liebenswerter, im Gegenteil: Jetzt weiß er sich der Liebe weniger würdig als je zuvor, und auch er selbst liebt sich nicht mehr. Nennen wir jemanden einen »Egoisten«, der sich selbst so sehr kränkt?

Im vorigen Abschnitt habe ich einige ernste Worte benutzt, die Dir vielleicht nicht entgangen sind (wenn ja, Pech gehabt), Worte wie »Schuld« oder »verantwortlich«. Sie klingen wie das, was man gewöhnlich mit dem Gewissen verbindet, nicht wahr, mit der Grille aus Pinocchio und den anderen. Es hätte nur noch gefehlt, das »häßlichste« dieser Worte zu erwähnen: *Reue*. Zweifellos waren es vor allem seine Gewissensbisse, die Gloucester sein Leben verbitterten und ihn weder seinen Thron noch seine Macht genießen ließen. Und jetzt frage ich Dich: Weißt Du, woher die Gewissensbisse kommen? In einigen Fällen, wirst Du mir antworten, sind sie innerste Reflexe der Angst, die wir vor der Strafe verspüren, die unser schlechtes Verhalten verdienen könnte – in dieser Welt oder der anderen, falls es sie gibt. Aber wir nehmen an, daß Gloucester keine Angst hat vor der gerechten Rache der Menschen und nicht glaubt, daß es einen Gott gibt, der ihn wegen seiner Missetaten zu ewigem Feuer verurteilen will. Und dennoch fühlt er sich weiterhin unbehaglich wegen seiner Gewissensbisse. Achtung: Man kann bedauern, schlecht gehandelt zu haben, auch wenn man sicher sein kann, daß nichts und niemand gegen einen Repressalien ergreifen wird. Wenn wir schlecht handeln und uns dessen bewußt sind, erkennen wir, daß wir bereits bestraft sind, daß wir uns selbst – mehr oder weniger freiwillig – zerstört haben. Es gibt keine schlimmere Strafe, als sich bewußt zu sein, daß man mit seinen Handlungen das boykottiert, was man in Wirklichkeit sein will.

Woher kommen die Gewissensbisse? Für mich ist das ganz klar: aus unserer *Freiheit*. Wenn wir nicht frei wären, könnten wir uns für nichts schuldig fühlen (und natürlich auch nicht stolz) und würden die Gewissensbisse vermeiden. Deshalb versuchen wir, wenn wir wissen, daß wir etwas Schändliches getan haben, uns damit zu rechtfertigen, daß wir nicht anders handeln konnten, daß wir nicht wählen konnten: »Ich habe nur die Befehle meiner Vorgesetzten ausgeführt«, »Alle machen es genauso«, »Ich habe den Kopf verloren«, »Es ist stärker als ich«, »Ich war mir nicht bewußt, was ich tat«. Genauso schreit der kleine Junge weinend, wenn das Marmeladenglas, das er oben aus dem Regal holen wollte, zu Boden fällt und zerbricht: »Ich bin es nicht gewesen!« Er schreit es genau deshalb, weil er weiß, daß er es gewesen ist; wäre es nicht so, würde er sich nicht die Mühe machen, etwas zu sagen, und würde vielleicht sogar lachen. Wenn er dagegen etwas sehr Schönes gemalt hat, erklärt er sofort: »Ich habe es ganz allein gemacht, niemand hat mir geholfen!« Genauso wollen wir als Erwachsene immer frei sein, das Verdienst für das, was wir erreicht haben, uns selbst zuzuschreiben, aber wir bekennen uns lieber als »Sklaven der Umstände«, wenn unsere Handlungen nicht sonderlich glorreich sind.

Verabschieden wir endlich die lästige Grille: Sie war mir immer genausowenig sympathisch wie jenes andere abscheuliche Insekt, die Ameise aus der Fabel von LaFontaine, die die närrische Grille im Winter ohne Essen und Unterschlupf läßt, nur um ihr eine Lektion zu erteilen – so eine Gemeinheit! Es geht darum, die Freiheit ernst zu nehmen, d.h., *verantwortlich* zu sein. Und das Ernste an der Freiheit besteht darin, daß sie unbezweifelbare Auswirkungen hat, die man nicht nach Belieben wieder rückgängig machen kann. Ich bin frei, den Kuchen, den ich vor mir habe, zu essen oder nicht zu essen; wenn ich ihn aber einmal aufgegessen habe, bin ich nicht mehr frei, ihn vor mir zu haben oder nicht. Ein anderes Beispiel, von Aristoteles (Du weißt schon, von dem alten Griechen mit dem Schiff im Sturm): Wenn ich einen Stein in der Hand halte, bin ich frei, ihn zu behalten oder wegzuwerfen; wenn ich ihn aber weggeworfen habe, kann ich ihm nicht mehr befehlen zurückzukommen, damit ich ihn weiter in der Hand halten kann. Und wenn ich mit ihm jemandem den Kopf einschlage – na, weißt Du, worauf ich hinaus will? Das Ernste an der Freiheit ist, daß jede freie Handlung, die ich begehe, meine Möglichkeiten, zu wählen und eine von ihnen zu realisieren, einschränkt. Und die Masche zu warten, um zu sehen, ob das Ergebnis gut oder schlecht ist, bevor ich die Verantwortung dafür übernehme oder nicht, lohnt sich nicht. Vielleicht kann ich einen fernen Beobachter täuschen, wie es das Kind versucht, das sagt, »Ich bin es nicht gewesen!«, aber mich selbst kann ich in keiner Weise betrügen. Frage Gloucester – oder Pinocchio!

Also ist das, was wir »Reue« nennen, nicht mehr als die Unzufriedenheit mit uns selbst, wenn wir die Freiheit schlecht genutzt haben, wenn wir sie im Widerspruch zu dem gebraucht haben, was wir als Menschen wirklich wollen. Verantwortlich sein heißt, sich wirklich frei zu wissen, für das Gute und das Schlechte: sich die Konsequenzen seiner Handlungen aufzuladen, das Schlechte zu meiden und vom Guten so viel wie möglich zu profitieren. Im Unterschied zu dem schlecht erzogenen und feigen Kind ist der Verantwortliche immer bereit, für seine Handlungen *einzustehen*: »Ja, ich bin es gewesen!« Die Welt, die uns umgibt, wenn Du genau hinschaust, ist voller Angebote, sich des Gewichts der Verantwortung zu entledigen. An dem Schlechten, das passiert, scheinen die Umstände schuld zu sein, die Gesellschaft, in der wir leben, das kapitalistische System, der Charakter, den ich habe (ich bin nun einmal so!), die schlechte Erziehung (die zu große Verwöhnung), die Fernsehwerbung, die Versuchungen der Schaufenster, die unwiderstehlichen und verderblichen Beispiele und so weiter. Ich habe gerade das Schlüsselwort dieser Rechtfertigungen gebraucht: *unwiderstehlich*. Alle, die sich von ihrer Verantwortung befreien wollen, glauben an das Unwiderstehliche, das, was einen rettungslos unterjocht, sei es die Werbung, Drogen, der Appetit, eine Bestechung, eine Bedrohung, der Charakter oder was auch immer. Sobald das Unwiderstehliche auftaucht, hört man auf, frei zu sein, und verwandelt sich in eine Marionette, von der man keine Rechenschaft verlangen darf. Die Befürworter des autoritären Systems glauben fest an das Unwiderstehliche und behaupten, es sei notwendig, alles zu verbieten, was einen unterjochen könnte: Wenn die Polizei erst einmal mit allen Versuchungen Schluß gemacht hat, wird es keine Delikte und keine Sünden mehr geben! Natürlich auch keine Freiheit mehr, aber alles hat seinen Preis. Außerdem: Welch große Erleichterung zu wissen, daß, wenn nur noch eine Versuchung übriggeblieben ist, derjenige die Verantwortung hat für das, was passiert, der sie nicht rechtzeitig beseitigt hat, und nicht der, der ihr nachgibt!

Und wenn ich Dir sagen würde, daß das »Unwiderstehliche« nicht mehr ist als ein Aberglaube, von denen erfunden, die Angst vor der Freiheit haben? Daß alle Institutionen und Theorien, die uns Entschuldigungen für die Verantwortung anbieten, uns nicht glücklicher, sondern versklavter sehen wollen? Daß der, der hofft, daß alles in der Welt so ist, wie es sich gehört – damit er selbst anfängt, sich zu verhalten, wie es sich gehört –, zum Schwachkopf, zum Loser oder zu beidem geboren ist (was durchaus auch vorkommt)? Daß wir, trotz der zahllosen Verbote, die man uns auferlegt, und trotz der Scharen von Polizisten, die uns bewachen, immer schlecht handeln können – also gegen uns selbst –, *wenn wir es wollen*? Genau das sage ich Dir, ich sage es Dir mit aller Überzeugung der Welt.

Der große argentinische Dichter und Erzähler Jorge Luis Borges macht zu Beginn einer seiner Erzählungen folgende Bemerkung über einen seiner Vorfahren: »Er mußte, wie alle Menschen, schwere Zeiten durchmachen.« In der Tat hat niemand je in völlig günstigen Zeiten gelebt, in denen es einfach war, Mensch zu sein und ein schönes Leben zu führen. Immer hat es Gewalt gegeben, Raub, Feigheit, Imbezillität (die moralische und die andere) und als Wahrheiten angesehene Lügen (dann, wenn sie angenehm zu hören sind). Niemandem wird das schöne menschliche Leben geschenkt, noch erreicht jemand das ihm Zusagende ohne Mut und Anstrengung. Daher leitet sich *Virtus* (die Tugend, Tapferkeit) vom lateinischen *vir* ab, der männlichen Kraft des Kriegers, der sich im Kampf gegen die Übermacht durchsetzt. Das kommt Dir echt ätzend vor? Dann verlang das Reklamationsbuch. Das einzige, was ich Dir garantieren kann, ist, daß man nie im Schlaraffenland gelebt hat und daß jeder die Entscheidung, gut zu leben, für sich selbst treffen muß, Tag für Tag, ohne zu hoffen, daß die Statistik günstig für ihn ist oder das übrige Universum ihn darum bittet.

Der Kern der Verantwortlichkeit – falls es Dich interessiert – besteht nicht einfach darin, den Mut oder die Ehrenhaftigkeit zu besitzen, die eigenen Blamagen auf sich zu nehmen, ohne rechts und links nach Entschuldigungen zu suchen. Der verantwortlich Handelnde ist sich des Realen seiner Freiheit bewußt. Ich benutze »real« im doppelten Wortsinn von »echt« und »wirklich«. Verantwortung heißt zu wissen, daß jede meiner Handlungen mich konstruiert, definiert, erfindet. Wenn ich wähle, was ich tun will, *transformiere ich mich allmählich*. Alle meine Entscheidungen hinterlassen in mir eine Spur, bevor sie diese in meiner Umwelt hinterlassen. Und wenn ich meine Freiheit dazu gebraucht habe, Gesichter zu schneiden, kann ich mich natürlich nicht mehr darüber beklagen oder davor erschrecken, was ich im Spiegel sehe. Wenn ich gut handle, fällt es mir jedesmal schwerer, schlecht zu handeln (und umgekehrt, leider). Wenn der Held im Western die Chance erhält, den Schurken hinterrücks zu erschießen, und er sagt: »Das *kann* ich nicht«, verstehen wir, was er sagen will. Schießen könnte er wohl, aber er hat auch Moral. Schließlich ist er der »Gute« in der Geschichte! Er will weiter dem Typen treu bleiben, der zu sein er gewählt hat; diesem schon zu Urzeiten herausgebildeten Helden-Typus.

Verzeih, wenn dieses Kapitel zu lang geworden ist, aber ich bin etwas in Begeisterung geraten, und außerdem habe ich Dir so viel zu sagen. Lassen wir es dabei und sammeln wir unsere Kräfte, weil ich morgen davon reden will, worin dieses Menschen-wie-Menschen-Behandeln – d.h. realistisch, oder, wenn es Dir lieber ist, mit Güte behandeln – besteht.

Lies noch was

»O feig Gewissen, wie du mich bedrängst! –
Das Licht brennt blau. Ist's nicht um Mitternacht?
Mein schauerndes Gebein deckt kalter Schweiß.
Was fürcht ich denn? mich selbst? Sonst ist hier niemand.
Richard liebt Richard: das heißt, ich bin ich.
Ist hier ein Mörder? Nein. – Ja, ich bin hier.
So flieh! – Wie? vor dir selbst? Mit gutem Grund:
Ich möchte rächen. Wie? mich an mir selbst?
Ich liebe ja mich selbst. Wofür? für Gutes,
Das ich je selbst hätt an mir selbst getan?
O leider, nein! Vielmehr haß ich mich selbst,

Verhaßter Taten halb, durch mich verübt.
Ich bin ein Schurke – doch ich lüg, ich bin's nicht.
Tor, rede gut von dir! – Tor, schmeichle nicht!
Hat mein Gewissen doch viel tausend Zungen,
Und jede Zunge bringt verschiednes Zeugnis,
Und jedes Zeugnis straft mich einen Schurken,
Meineid, Meineid, im allerhöchsten Grad,
Mord, grauser Mord, im fürchterlichsten Grad,
Jedwede Sünd, in jedem Grad geübt,
Stürmt an die Schranken, rufend: Schuldig! schuldig!
Ich muß verzweifeln. – Kein Geschöpfe liebt mich,
Und sterb ich, wird sich keine Seel erbarmen.
Ja, warum sollten's andre? Find ich selbst
In mir doch kein Erbarmen mit mir selbst!«

William Shakespeare, *König Richard III.*

»*Was du nicht willst, das man dir tu, das füg auch keinem andern zu*, lautet eines der grundlegenden Prinzipien der Ethik. Aber mit gleicher Berechtigung kann man sagen: *Was du andern antust, das tust du auch dir selber an.*«

Erich Fromm, *Psychoanalyse und Ethik*

»Ein jeder, wenn er einem anderen nützt, hat sich genützt, nicht in dem Sinne, daß er helfen will, weil er Hilfe erfahren hat, verteidigen, weil er verteidigt worden, daß ein gutes Beispiel im Kreislauf auf den Handelnden zurückkehrt, wie schlechte Beispiele zurückfallen auf die Urheber und kein Mitleid denen zuteil wird, die Ungerechtigkeiten erleiden, deren Möglichkeiten sie durch eigenes Handeln gelehrt haben – im Gegenteil, in dem Sinne, daß aller charakterlichen Leistungen Preis in ihnen selbst besteht.«

Seneca, *Briefe an Lucilius*

Kapitel 7

Versetz Dich in seine Lage

Robinson Crusoe wandert an einem Strand der Insel entlang, auf die ihn ein wirklich unpassender Sturm verschlagen hat – mit Schiffbruch und allem. Er hat seinen Papagei auf der Schulter und schützt sich mit dem Sonnenschirm, den er selbst aus Palmblättern gemacht hat, vor der Sonne, was ihn zu Recht auf seine Geschicklichkeit stolz macht. Er ist davon überzeugt, daß man sagen kann, er sei mit den gegebenen Umständen ganz gut fertig geworden: Er hat jetzt einen Unterschlupf, in dem er sich vor den Unbilden des Wetters und dem Überfall wilder Tiere schützen kann; er weiß, wo er Nahrung und Wasser bekommt; er hat Kleidung, die ihn schützt und die er selbst aus Material von der Insel angefertigt hat; er besitzt eine kleine Ziegenherde. Kurz gesagt, er weiß, wie er es anstellt, mehr oder weniger sein schönes Leben als einsamer Schiffbrüchiger zu leben. Robinson geht weiter und ist so mit sich selbst zufrieden, daß es ihm für einen Moment scheint, daß er nichts vermißt. Plötzlich bleibt er erschreckt stehen: Dort im weißen Sand ist etwas sichtbar, das seine ganze friedliche Existenz völlig durcheinanderbringen wird: der Abdruck eines menschlichen Fußes.

Von wem kann er sein? Einem Freund oder Feind? Vielleicht von einem Feind, den er in einen Freund verwandeln kann? Mann oder Frau? Wie kann er sich mit ihm oder ihr verständigen? Wie soll er ihn behandeln? Robinson ist bereits daran gewöhnt, sich Fragen zu stellen, seit er auf die Insel kam, und seine Probleme auf die erfinderischste Art zu lösen: Was werde ich essen? Wo finde ich Unterschlupf? Wie schütze ich mich vor der Sonne? Aber jetzt ist die Situation anders, weil sie nichts mehr mit natürlichen Ereignissen zu tun hat, wie dem Hunger oder dem Regen, oder mit wilden Tieren, sondern mit einem anderen menschlichen Wesen: mit einem anderen Robinson oder anderen Robinsons. Gegenüber den Elementen oder den Tieren konnte er sich verhalten, ohne auf etwas anderes als die Notwendigkeit des Überlebens zu achten. Es ging darum zu sehen, ob er ihnen überlegen war oder sie ihm – ohne andere Komplikationen. Aber bei menschlichen Wesen ist die Sache nicht ganz so einfach. Er muß natürlich überleben, aber nicht auf irgendeine Weise. Wenn Robinson sich aufgrund seiner Einsamkeit und seines Unglücks in ein Tier verwandelt hat wie die anderen, die durch den Urwald streifen, wird er sich nur darüber Sorgen machen, ob der unbekannte Verursacher des Abdrucks ein Feind ist, den er beseitigen muß, oder eine Beute, um sie zu verschlingen. Wenn er aber auch weiterhin ein Mensch sein will, hat er es nicht nur mit einer Beute oder einem einfachen Feind zu tun, sondern mit einem Rivalen oder einem möglichen Gefährten, in jedem Fall mit einem ihm ähnlichen Wesen, einem *Mitmenschen*.

Solange Robinson allein ist, steht er technischen, mechanischen, hygienischen und – wenn man so will – sogar wissenschaftlichen Problemen gegenüber. Es geht darum, in einer feindlichen und unbekannten Welt das Leben zu retten. Aber als er den Fußabdruck von Freitag im Sand findet, beginnen seine ethischen Probleme. Nun geht es nicht mehr nur darum zu überleben, wie ein Tier oder eine Artischocke, verloren in der Natur; jetzt muß er anfangen, wie ein Mensch zu leben, d.h. mit anderen oder gegen andere Menschen, aber unter Menschen. Das Leben wird dadurch »menschlich«, daß man es in Gesellschaft von Menschen verbringt, man redet mit ihnen, man paktiert und lügt, man wird geachtet oder verraten, man liebt, man macht Pläne und erinnert sich an die Vergangenheit, man fordert sich heraus, man organisiert zusammen die gemeinsamen Angelegenheiten, man spielt, man tauscht Symbole aus. Die Ethik beschäftigt sich nicht damit, wie man sich besser ernährt oder wie man sich am besten vor der Kälte schützt oder was man tun muß, um einen Fluß zu durchwaten, ohne zu ertrinken, Fragen, die zweifellos alle sehr wichtig sind, um in bestimmten Situationen zu überleben. Was aber die Ethik interessiert, was ihr Spezialgebiet ausmacht, ist, wie man das menschliche Leben, das Leben, das sich unter Menschen abspielt, besser leben kann. Wer sich nicht zu helfen weiß, um in den Gefahren der Natur zu überleben, verliert das Leben, was zweifellos ein großes Ärgernis ist; wer aber keine Vorstellung von der Ethik hat, verliert oder verschwendet das Menschliche seines Lebens, und das ist auch nicht ohne.

Ich sagte vorhin, daß die Spur im Sand Robinson die riskante Nähe eines ihm ähnlichen Wesens ankündigte. Aber, wie weit war Freitag Robinson ähnlich? Auf der einen Seite steht ein Europäer des 17. Jahrhunderts, der über das fortschrittlichste Wissen seiner Kultur verfügt, erzogen in der christlichen Religion, mit den homerischen Mythen und dem Buchdruck vertraut; auf der anderen Seite ein wilder Kannibale der Südsee, dessen Kultur in der mündlichen Überlieferung seines Stammes besteht; Anhänger einer polytheistischen Religion und ohne Kenntnis von der Existenz der damaligen großen Städte wie London oder Amsterdam. Alles war bei beiden verschieden: Hautfarbe, Essensgewohnheiten, Zeitvertreib. Sicher hatten nicht einmal ihre nächtlichen Träume etwas Gemeinsames. Und dennoch, trotz so vieler Unterschiede, besaßen beide grundsätzlich ähnliche Merkmale, wesentliche Ähnlichkeiten, die Robinson mit keinem Tier oder Baum oder keiner Quelle der Insel teilte. Beide redeten, wenn auch in sehr verschiedenen Sprachen. Die Welt bestand für sie aus Symbolen und ihren Beziehungen, nicht aus reinen namenlosen Sachen. Und sowohl Robinson als auch Freitag waren in der Lage, Verhalten zu bewerten, zu wissen, daß man bestimmte Sachen tun kann, die »gut« sind, und andere, die dagegen »schlecht« sind. Auf den ersten Blick war das, was beide für »gut« und »schlecht« hielten, nicht sonderlich ähnlich, weil ihre konkreten Bewertungen aus sehr weit entfernten Kulturen stammten: Der Kannibalismus, um ein naheliegendes Beispiel zu nehmen, war eine für Freitag vernünftige und akzeptable Sitte, während er für Robinson – ich nehme an, auch für Dich, auch wenn Du ein Vielfraß bist – der größte Horror war. Und trotzdem stimmten beide darin überein anzunehmen, daß es Kriterien gibt für die Begründung, was akzeptabel und was gräßlich ist. Auch wenn ihre Positionen sehr verschieden waren, von denen aus sie diskutierten, konnten sie doch immerhin diskutieren und verstehen, worüber sie diskutierten. Und das ist erheblich mehr als das, was man gewöhnlich mit einem Hai oder einer Steinlawine kann, nicht wahr?

Das ist alles schön und gut, wirst Du mir sagen, aber sicher ist, daß es trotz der großen Ähnlichkeiten der beiden Männer nicht von vornherein klar ist, welches die beste Art des Verhaltens ihnen gegenüber ist. Wenn der Fußabdruck im Sand, den Robinson findet, einem Mitglied des Kannibalenstamms gehört, das ihn als Schmorbraten essen will, darf sein Verhalten vor dem Unbekannten nicht das gleiche sein, als wenn es sich um den Schiffsjungen handeln würde, der endlich kommt, um ihn zu retten. Gerade weil die anderen Menschen mir so ähnlich sind, können sie mir gefährlicher werden als irgendein wildes Tier oder ein Erdbeben. Es gibt keinen schlimmeren Feind als einen intelligenten Feind, der fähig ist, genaue Pläne zu schmieden, Fallen zu stellen oder mich auf Tausende Arten zu täuschen. Vielleicht ist es daher besser, ihm zuvorzukommen und der erste zu sein, der ihn, mit Gewalt oder Hinterhalt, so behandelt, als wäre er bereits wirklich dieser Feind, zu dem er werden könnte. Dennoch ist dieses Verhalten nicht so klug, wie es auf den ersten Blick scheint: Wenn ich mich gegenüber meinen Mitmenschen wie ein Feind verhalte, erhöhe ich zweifellos die Chance, daß sie ebenfalls zu meinen Feinden werden; und außerdem entgeht mir die Gelegenheit, ihre Freundschaft zu gewinnen oder zu bewahren, falls sie prinzipiell bereit waren, sie mir anzubieten.

Sehen wir uns dieses andere mögliche Verhalten gegenüber unseren gefährlichen Mitmenschen an. Marc Aurel war Kaiser von Rom und außerdem Philosoph, was ziemlich selten vorkommt, weil Herrscher sich gewöhnlich wenig für die Fragen interessieren, die nicht offensichtlich praktischer Natur sind. Dieser Kaiser schrieb gerne Selbstgespräche auf, in denen er sich Ratschläge gab und sich sogar ausschimpfte. Häufig notierte er Dinge folgender Art (ich zitiere aus dem

Gedächtnis, nicht aus dem Buch, also nimm es nicht wörtlich): »Wenn du heute aufstehst, denk daran, daß du im
Laufe des Tages einem Lügner, einem Dieb, einem Ehebre-
cher, einem Mörder begegnen wirst. Und denk daran, daß
du sie wie Menschen behandeln mußt, denn sie sind so
menschlich wie du und sind deshalb für dich so unentbehr-
lich wie der Unterkiefer für den Oberkiefer.« Für Marc
Aurel ist das Wichtigste hinsichtlich der Menschen nicht, ob
ihr Verhalten einem angemessen scheint oder nicht, sondern
daß sie – als Menschen – zu einem passen und daß man das
im Umgang mit ihnen nie vergessen darf. So schlecht sie
auch sein mögen, ihre menschliche Natur stimmt mit meiner
überein und verstärkt sie. Ohne die anderen könnte ich vielleicht leben, aber nicht auf menschliche Weise. Auch wenn
ich einen künstlichen Zahn habe und zwei oder drei mit Ka-
ries, ist es beim Essen immer noch angenehmer, einen Unterkiefer zu haben, der den Oberkiefer unterstützt.

Und diese gleiche Ähnlichkeit in der Intelligenz, der Fähigkeit zu rechnen und zu planen, den Leidenschaften und
der Angst – das, was die Menschen für mich so gefährlich
macht, wenn sie es sein wollen –, all dies macht sie auch äußerst nützlich. Zu mir kann nichts besser passen als ein
Mensch. Was kennst Du Besseres, als *geliebt* zu werden?
Wenn jemand Geld, Macht oder Prestige will, begehrt er
dann nicht diese Reichtümer, um nur die Hälfte dessen kaufen zu können, was man gratis erhält, wenn man geliebt
wird? Und wer kann mich wahrhaft lieben, wenn nicht ein
anderes Wesen wie ich, das genauso funktioniert wie ich,
das mich liebt, *weil ich ein Mensch bin* – und obwohl ich es
bin? Kein noch so zärtliches Tier kann mir soviel geben wie
ein anderes menschliches Wesen, sogar, wenn es etwas un-
sympathisch ist. Sicher, man muß die Menschen mit Vor-

sicht behandeln, für alle Fälle. Aber diese »Vorsicht« kann in erster Linie nicht in Mißtrauen oder Arglist bestehen, sondern in der Rücksichtnahme wie gegenüber zerbrechlichen Gegenständen – und Menschen sind die zerbrechlichsten von allen, da sie keine einfachen Sachen sind. Weil das Band aus Achtung und Freundschaft zu anderen Menschen für mich, der ich auch ein Mensch bin, wenn ich mit ihnen zu tun habe, das schönste der Welt ist, muß mein Hauptinteresse darin bestehen, es zu schützen und sogar zu pflegen. Und nicht einmal dann, wenn man seine Haut retten muß, ist es ratsam, diese Priorität völlig zu vergessen.

Marc Aurel, der Kaiser und Philosoph, aber nicht imbezil war, wußte sehr gut, was auch Du weißt: daß es Leute gibt, die rauben, die lügen und die töten. Natürlich nahm er nicht an, daß man, um sich mit dem Nächsten gut zu vertragen, ähnliche Verhaltensweisen an den Tag legen muß. Aber ihm waren zwei Dinge ziemlich klar, die mir sehr wichtig scheinen:

Erstens: Wer raubt, lügt, verrät, vergewaltigt, tötet oder auf irgendeine andere Weise einen anderen mißbraucht, hört deswegen nicht auf, ein *Mensch* zu sein. Hier täuscht uns die Sprache, weil uns gemeine Titulierungen wie »Der ist ein Dieb«, »Die da ist eine Lügnerin«, »Der da ist ein Verbrecher« ein wenig vergessen lassen, daß es sich immer um Menschen handelt, die sich auf wenig empfehlenswerte Weise verhalten, ohne aber deshalb aufzuhören, Menschen zu sein. Und wer es »dazu gebracht hat«, abscheulich zu sein, kann wieder, da er weiterhin Mensch ist, für uns zu dem Passendsten, dem Unentbehrlichsten werden.

Zweitens: Eines der Hauptmerkmale aller Menschen ist unsere Fähigkeit zur *Nachahmung*. Unser Verhalten und unseren Geschmack kopieren wir zum größten Teil von den anderen. Daher sind wir so bildungsfähig und eignen uns weiterhin unaufhörlich die Erfolge an, die andere Personen in vergangenen Zeiten oder weit entfernten Gegenden erzielt haben. In allem, was wir »Zivilisation«, »Kultur« und so weiter nennen, steckt ein bißchen Erfindung und sehr viel Imitation. Wären wir nicht solche Nachahmer, müßten alle Menschen immer wieder bei Null anfangen. Deshalb ist das *Beispiel* so wichtig, das wir unseren Artgenossen geben: Es ist fast sicher, daß sie uns in den meisten Fällen so behandeln, wie sie sich behandelt sehen. Wenn wir aufs Geratewohl Feindschaft säen (auch wenn es heimlich geschieht), ist es unwahrscheinlich, daß wir im Austausch etwas Besseres als größere Feindschaft ernten. Ich weiß natürlich, daß trotz des noch so guten Beispiels, das man gibt, die anderen immer noch zu viele schlechte Beispiele zur Nachahmung vor Augen haben. Wozu sich also Mühe geben und auf die unmittelbaren Vorteile verzichten, die die Schurken so oft erlangen? Marc Aurel würde Dir antworten: »Es scheint Dir klug zu sein, die bereits gestiegene Anzahl der Schlechten noch zu vergrößern, von denen Du wenig wirklich Positives erwarten kannst, und die Minderheit der Besseren zu entmutigen, die dagegen so viel für Dein schönes Leben tun können? Ist es nicht logisch, das zu säen, was Du ernten willst, statt des Gegenteils, auch wenn Du weißt, daß das Unkraut Deine Ernte vernichten kann? Willst Du Dich lieber freiwillig so verrückt aufführen, wie so viele Verrückte, die frei herumlaufen, statt die Vorteile der Vernunft zu verteidigen und zu demonstrieren?«

Aber untersuchen wir das, was die sogenannten »Bösen« tun, die, die andere Menschen wie Feinde behandeln, anstatt ihre Freundschaft zu suchen. Du erinnerst Dich sicher an den Film *Frankenstein*, in dem Boris Karloff das so heißgeliebte Monster der Monster spielt. Wir haben versucht, ihn gemeinsam im Fernsehen anzusehen, als Du noch ziemlich klein warst, und ich mußte den Fernseher ausschalten, weil Du mir mit elegant formulierter Offenheit sagtest: »Mir scheint, daß er mir langsam zuviel Angst macht.« Also, im Roman von Mary W. Shelley, auf dem der Film beruht, bekennt die aus Leichenteilen hergestellte Kreatur ihrem bereits reumütigen Schöpfer: »Das Elend erst hat mich zum Feind gemacht.« Ich habe den Eindruck, daß die meisten der angeblich »Bösen«, die auf der Welt herumlaufen, das gleiche sagen könnten, wenn sie ehrlich wären. Wenn sie sich gegenüber ihren Mitmenschen feindlich und unbarmherzig verhalten, tun sie es, weil sie Angst haben oder sich einsam fühlen oder weil ihnen notwendige Sachen fehlen, die viele andere besitzen – weil sie Unglücke erleiden. Oder weil sie unter dem allergrößten Unglück leiden, sich von den meisten Menschen ohne Liebe und Achtung behandelt zu sehen, so wie es der armen Kreatur Frankensteins erging, der nur ein Blinder und ein kleines Mädchen Freundschaft erweisen wollten. Ich kenne niemanden, der vor lauter Glück böse ist oder der aus Freude seinen Nächsten quält. Bestenfalls gibt es ziemlich viele Leute, die, um zufrieden zu sein, nichts von dem Leiden erfahren wollen, das es in ihrer Umgebung in Hülle und Fülle gibt und an dem sie zum Teil mitschuldig sind. Aber auch die Ignoranz, auch wenn sie mit sich selbst zufrieden ist, ist eine Form des Unglücks.

Man kann also sagen: Je glücklicher und fröhlicher sich jemand fühlt, um so weniger Lust hat er, böse zu sein. Ist es dann nicht vernünftig zu versuchen, das Glück der anderen mit allen Mitteln zu fördern, anstatt sie unglücklich und daher für das Böse anfällig zu machen? Wer sein Teil zum Unglück der anderen beiträgt oder nichts zu dessen Linderung tut, der ist selbst schuld. Er soll sich dann nicht beklagen, daß so viele Böse frei herumlaufen! Auf kurze Sicht kann es vorteilhaft erscheinen, die Mitmenschen wie Feinde (oder Opfer) zu behandeln. Die Welt ist voller linker oder dreister Typen, die sich für äußerst schlau halten, wenn sie aus der guten Absicht der anderen und sogar aus deren Unglück Vorteile erlangen. Mir erscheinen sie allerdings nicht so klug, wie sie glauben. Der größte Nutzen, den wir von unseren Mitmenschen erhalten können, ist nicht der Besitz von noch mehr Sachen (oder die Herrschaft über noch mehr Personen, die wie Sachen, wie Instrumente behandelt werden), sondern die Anteilnahme und Zuneigung von mehr freien Wesen. Das heißt, die Erweiterung und Stärkung meines *Menschseins.* »Na und, wozu soll das dienen?« wird der Gauner fragen, im Glauben, den Gipfel der Schlauheit zu erreichen. Darauf kannst Du ihm erwidern: »Es *dient* nicht dazu, woran du denkst. Nur Sklaven dienen, und ich habe dir bereits gesagt, daß wir von *freien* Wesen reden.« Das Problem des Schurken ist, daß er nicht weiß, daß die Freiheit nicht dient und sie auch nicht bedient werden will, daß sie vielmehr ansteckend sein will. Er hat die Mentalität eines Sklaven, der Ärmste, auch wenn er sich für so »reich« an Sachen hält!

Und dann seufzt der Schuft, jetzt bereits zitternd und auf einen simplen Betrüger reduziert: »Wenn ich keinen Nutzen von den anderen habe, sind es sicher die anderen, die Nutzen aus mir ziehen!« Es ist eine Frage von Mäusen/Sklaven und Löwen/Freien – mit den gebührenden Verbeugungen vor den von mir hochgeachteten Tierarten. Unterschied Nummer eins zwischen dem, der zur Maus, und dem, der zum Löwen geboren ist: Die Maus fragt: »Was wird mir passieren?«, und der Löwe fragt: »Was werde ich tun?« Unterschied Nummer zwei: Die Maus will die anderen verpflichten, sie zu lieben, damit sie dann sich selbst lieben kann, und der Löwe liebt sich selbst, wodurch er fähig wird, die anderen zu lieben. Unterschied Nummer drei: Die Maus will das tun, was gegen die anderen gerichtet ist, um das zu verhindern, was diese gegen sie unternehmen könnten, während der Löwe der Ansicht ist, daß alles, was er zugunsten der anderen tut, auch zu seinen Gunsten ist. Maus oder Löwe zu sein, das ist hier die Frage! Für den Löwen ist ziemlich klar – »unheimlich klar«, wie der Dichter Antonio Machado sagen würde –, daß der erste Geschädigte des Versuchs, meinen Mitmenschen zu schädigen, genau ich selbst bin, und zwar in dem, was für mich das Wertvollste ist, da, wo ich am stärksten, am wenigsten unterwürfig bin.

Wir sind endlich bei dem Augenblick angelangt, wo wir eine Frage beantworten können, deren direkte Beantwortung wir schon ziemlich lange vertagt haben (indirekt und auf Umwegen reden wir schon seit vielen Seiten von nichts anderem): Worin besteht dieses, die Personen wie Personen, d.h. menschlich, zu behandeln? Antwort: Es besteht darin, *sich in ihre Lage zu versetzen*. Jemanden als Mitmenschen anzuerkennen, schließt vor allem die Möglichkeit ein, ihn von innen zu verstehen, für einen Augenblick seinen Standpunkt zu übernehmen. Das kann man nur auf sehr phantastische und zweifelhafte Art bei einer Fledermaus oder einer Geranie versuchen; bei Wesen dagegen, die mit Symbolen umgehen können, wie Du und ich, drängt es sich auf. Denn schließlich stecken wir, immer wenn wir mit jemandem reden, einen Bereich ab, in dem derjenige, der jetzt »ich« ist, weiß, daß er sich in »du« verwandelt, und umgekehrt. Wenn wir nicht zugeben würden, daß es etwas grundlegend Gleiches zwischen uns gibt (die Möglichkeit, für den anderen das zu sein, was der andere für mich ist), könnten wir kein Wort wechseln. Wo es aber Wortwechsel gibt, gibt es auch das Anerkennen, daß wir in gewisser Weise zu dem Gegenüber gehören und das Gegenüber zu uns gehört. Auch wenn ich jung bin und der andere alt ist, auch wenn ich ein Mann bin und die andere eine Frau, auch wenn ich weiß bin und der andere schwarz, auch wenn ich dumm bin und der andere klug, auch wenn ich gesund bin und der andere krank, auch wenn ich reich bin und der andere arm. »Ich bin ein Mensch«, sagte ein lateinischer Dichter des Altertums, »und nichts Menschliches ist mir fremd.« Das heißt: Meines Menschseins bewußt zu sein bedeutet, mir darüber im klaren zu sein, daß ich trotz aller realen Unterschiede zwischen den Individuen auch in gewisser Weise innerhalb jedes einzelnen meiner Mitmenschen bin. Zunächst einmal durch das Wort.

Und natürlich nicht nur, um mit ihnen reden zu können. Sich in die Lage eines anderen zu versetzen ist mehr als der Beginn symbolischer Kommunikation: Es geht darum, seine *Rechte* zu berücksichtigen. Und wenn sie unklar sind, muß man seine Beweggründe verstehen. Denn darauf hat jeder Mensch gegenüber den anderen ein Recht, auch wenn er der Allerschlechteste ist: Er hat das Recht darauf – das *Menschenrecht* –, daß jemand versucht, sich in seine Lage zu versetzen und zu verstehen, was er tut und fühlt; auch wenn es dazu dient, ihn im Namen von Gesetzen zu verurteilen, die jede Gesellschaft haben muß. Mit einem Wort, Dich in die Lage des anderen zu versetzen heißt, ihn ernst zu nehmen, ihn als so wirklich zu betrachten wie Dich selbst. Erinnerst Du Dich an unseren alten Freund Kane? Oder an Gloucester? Sie nahmen sich selbst so ernst, sie beachteten so sehr ihre Wünsche und Ambitionen, daß sie so handelten, als wären die anderen nicht wirklich, als wären sie bloß Marionetten oder Gespenster: Solange sie ihnen nützlich waren, nutzten sie deren Mitarbeit aus, sie warfen sie aber fort oder töteten sie, als sie für sie nicht mehr brauchbar waren. Sie machten nicht die geringste Anstrengung, sich in ihre Lage zu versetzen, ihr eigenes Interesse zu relativieren, um auch das fremde Interesse zu berücksichtigen. Du weißt, wie es ihnen ergangen ist.

Ich sage Dir nicht, daß es schlecht ist, wenn Du Deine eigenen Interessen wahrnimmst, auch nicht, daß Du immer auf sie verzichten mußt zugunsten derjenigen Deines Nachbarn. Sie sind natürlich genauso achtbar wie seine, und alles andere ist Gelaber. Aber achte auf das Wort »Interesse«: Es kommt vom lateinischen *inter esse* und bedeutet das, was zwischen mehreren ist, was mehrere zueinander in Beziehung setzt. Wenn ich davon rede, daß Du Deine Interessen »relativierst«, will ich damit sagen, daß dieses Interesse nicht ausschließlich Dir gehört, so als ob Du allein in einer Gespensterwelt leben würdest, sondern daß es Dich mit anderen Realitäten in Kontakt bringt, die so »wirklich« sind wie Du. Also sind alle Interessen, die Du haben kannst, relativ (hinsichtlich anderer Interessen, den Umständen, den Gesetzen und Sitten der Gesellschaft, in der Du lebst), mit Ausnahme eines Interesses, des einzigen absoluten Interesses: Mensch zu sein unter Menschen, andere menschlich zu behandeln, genauso wie eine menschliche Behandlung zu erfahren, ohne die es kein »schönes Leben« geben kann. Sosehr Dich auch etwas interessieren kann, wenn Du es recht betrachtest, kann nichts so interessant für Dich sein wie die Fähigkeit, Dich in die Lage derjenigen zu versetzen, mit denen Dein Interesse Dich in Beziehung setzt. Und wenn Du Dich in ihre Lage versetzt, mußt Du nicht nur fähig sein, die Gründe für ihr Handeln zu beachten, sondern auch auf irgendeine Weise an ihren Leidenschaften und Gefühlen, an ihren Schmerzen, Sehnsüchten und Freuden teilzunehmen. Es geht darum, Sympathie für den anderen zu empfinden, sich in gewisser Weise mit dem anderen eins fühlen zu können, ihn in seinem Denken und Wollen nicht gänzlich allein zu lassen. Anzuerkennen, daß wir aus dem gleichen Teig gemacht sind: zugleich Idee, Leidenschaft und Fleisch. Oder wie es Shakespeare schöner und tiefsinniger ausgedrückt hat: »Wir sind aus solchem Stoff gemacht, aus dem die Träume sind.« Achte darauf, daß wir uns dieser Verwandtschaft bewußt sind.

Den anderen ernst zu nehmen, sich in seine Lage versetzen zu können, um zu akzeptieren, daß er so real ist wie Du, bedeutet nicht, daß Du ihm immer darin recht geben sollst, was er fordert oder tut. Es bedeutet auch nicht, daß Du, weil Du ihn für so real wie Dich und Dir ähnlich hältst, Dich so verhalten sollst, als wäret ihr *identisch*. Der Dramatiker und Humorist George Bernard Shaw sagte einmal: »Was du willst, das man dir tu', das füge *keinem* andern zu: die Geschmäcker sind verschieden.« Zweifellos sind wir Menschen ähnlich, zweifellos wäre es toll, wenn wir gleich würden (hinsichtlich der Chancen bei der Geburt und später vor dem Gesetz), aber natürlich sind wir nicht identisch, und wir müssen es auch nicht unbedingt sein. Was wäre das für eine Langeweile und allgemeine Qual! Sich in die Lage des anderen zu versetzen heißt sich anstrengen, objektiv zu sein, um die Sachen so zu sehen, wie er sie sieht, aber nicht, ihn beiseite zu stoßen und seinen Platz einzunehmen. Das heißt, er soll weiterhin er sein, und Du mußt weiterhin Du sein. Das erste der Menschenrechte ist das Recht, keine Kopie unserer Nachbarn zu sein, mehr oder weniger einzigartig zu sein. Und niemand hat das Recht, den anderen dazu zu verpflichten, daß er zu seinem Besten aufhört, »einzigartig« zu sein, außer daß seine »Einzigartigkeit« darin besteht, direkt und eindeutig dem Nächsten Schaden zuzufügen.

Ich habe gerade das Wort »Recht« gebraucht, und ich glaube, auch schon etwas früher. Weißt Du, warum? Weil die schwierige Kunst, sich in die Lage des Nächsten zu versetzen, zum großen Teil mit dem zu tun hat, was seit alters her *Gerechtigkeit* genannt wird, die Fähigkeit und die Mühe, die sich jeder einzelne geben muß – wenn wir gut leben wollen – zu verstehen, was unsere Mitmenschen von uns erwarten können. Gesetze und Richter versuchen pflichtgemäß das Mindeste festzulegen, was Menschen zu Recht von jenen verlangen können, mit denen sie in der Gesellschaft zusammenleben; aber es handelt sich um ein Minimum und mehr nicht. Häufig ist unser Verhalten im Grunde weiterhin ungerecht, wie legal es auch sein mag, wie sehr auch die Regeln beachtet wurden und uns niemand bestrafen oder ins Gefängnis werfen kann. Jedes geschriebene Gesetz ist nicht mehr als eine Abkürzung, eine Vereinfachung – oft nicht perfekt – von dem, was Dein Mitmensch genau von *Dir* erwarten kann – nicht vom Staat oder seinen Richtern. Das Leben ist zu komplex und zu nuanciert, wir Menschen sind zu verschieden und die Situationen zu vielfältig, oft zu intim, als daß alles von den Gesetzestexten erfaßt werden könnte. Genauso wie niemand stellvertretend für Dich frei sein kann, so kann auch niemand für Dich gerecht sein, wenn Du Dir nicht bewußt bist, daß Du es sein mußt, um gut zu leben. Um überhaupt zu verstehen, was der andere von Dir erwarten kann, gibt es keinen anderen Weg, als ihn ein bißchen zu lieben, wenn auch nur deshalb, weil er ebenfalls ein Mensch ist – und diese kleine, aber äußerst wichtige Liebe kann kein Gesetz erzwingen. Wer gut lebt, muß einer mitfühlenden Gerechtigkeit fähig sein, eines gerechten Mitgefühls.

O je, da ist mir wieder ein Kapitel so lang geworden! Aber ich kann mich damit entschuldigen, daß es das wichtigste von allen ist. Auf diesen letzten Seiten habe ich versucht, das Grundlegende der Ethik darzulegen. Ich möchte es wagen, Dich zu bitten – wenn Du nicht schon genug hast –, diese Seiten noch einmal zu lesen, bevor Du weitergehst. Und wenn Du es nicht tust, weil Du etwas müde bist – auch gut, ich versetze mich in Deine Lage!

Lies noch was

»Eines schönen Tages gegen Mittag, als ich wieder einmal auf dem Weg zu meinem Boot war, versetzte mich am Strand die Spur eines nackten menschlichen Fußes, die sich ganz deutlich im Sande abzeichnete, in allergrößte Bestürzung. Ich stand wie vom Donner gerührt, als ob mir ein Geist erschienen sei. Ich lauschte nach allen Richtungen, konnte aber nichts hören und sehen.«

Daniel Defoe, *Robinson Crusoe*

»Alles wirkliche Leben ist Begegnung.«

Martin Buber, *Ich und Du*

»Mit seinen Mitmenschen durch das stärkste aller Bande vereint, nämlich das des gemeinsamen Schicksals, findet der Freie, daß ihm eine neue Vision stets gegenwärtig ist, die jede Aufgabe, die der Tag bringt, mit dem Licht der Liebe überschüttet. Das Leben der Menschen ist ein langer Marsch durch die Nacht, umgeben von unsichtbaren Feinden, gequält von Müdigkeit und Angst; nur wenige können hoffen, das Ziel zu erreichen, und nur ein kurzes Verweilen ist ihnen dort gegönnt. Während sie so marschieren, verschwindet Kamerad um Kamerad aus ihren Blicken, den stummen Befehlen des allgewaltigen Todes gehorchend. Sehr kurz ist die Zeitspanne, in der wir ihnen helfen können, in der die Entscheidung über ihr Glück oder Unglück fällt. Möge es unser Los sein, ihren Pfad zu erhellen, ihren Schmerz zu lindern mit dem Balsam des Mitleids, ihnen die reine Freude unermüdlicher Liebe zu schenken, ihren sinkenden Mut wiederaufzurichten und ihnen in Stunden der Verzweiflung neuen Glauben zu geben.«

Bertrand Russell, *Was der freie Mensch verehrt*

»Denn noch niemals gab es einen so finsteren und unerbittlichen Anhänger der Tugend und Hasser der Freude, der dir Mühsal, Nachtwachen und Entbehrungen auferlegt hätte, ohne dich zugleich zu heißen, der Not und der Bedrängnis der anderen nach Kräften zu steuern, und der es nicht im Namen der Menschlichkeit für löblich hielte, daß ein Mensch dem anderen Heil und Trost spende. Wenn aber die eigentliche Menschlichkeit, die dem Menschen angemessener als jegliche andere Tugend ist, darin besteht, die Not anderer zu lindern, ihren Kummer zu beheben und dadurch ihrem Leben wieder Freude, das heißt Lust, zu geben, warum sollte dann die Natur nicht einen jeden dazu antreiben, sich selbst den gleichen Dienst zu leisten?«

Thomas Morus, *Utopia*

Kapitel 8

Mit Vergnügen

Stell Dir vor, jemand erzählt Dir, ein Freund oder eine Freundin von Dir seien wegen »unsittlichen Verhaltens in der Öffentlichkeit« verhaftet worden. Du kannst sicher sein, daß ihre »Sittenlosigkeit« nicht darin besteht, daß sie bei Rot über die Straße gegangen sind oder auf offener Straße jemandem eine Mordslüge aufgetischt haben, auch nicht, daß sie das Gedränge in der Stadt ausgenutzt und eine Aktentasche geklaut haben. Sehr wahrscheinlich hat Dein geiler Freund den tollsten Frauen, die ihm über den Weg liefen, an den Hintern gegrapscht, oder Deine freche Freundin wollte nach einigen Gläschen unbedingt den Passanten demonstrieren, daß ihre Anatomie es mit der von Madonna oder Samantha Fox aufnehmen kann. Und wenn eine der sogenannten »geachteten« Personen (als ob die übrigen das nicht wären!) Dir in ernstem Ton erzählt, daß dieser oder jener Film »unmoralisch« sei, dann weißt Du, sie meint damit nicht, daß auf der Mattscheibe einige Morde passieren oder daß die Figuren im Film ihr Geld auf wenig saubere Art verdienen, sondern ... na ja, Du weißt schon, was sie damit meint.

Wenn die Leute von »Moral« und vor allem von »Unmoral« reden, meinen sie in achtzig Prozent der Fälle – sicher liege ich da noch zu niedrig – etwas, das mit Sex zu tun hat. So glauben einige, daß die Moral sich in erster Linie damit beschäftigt zu beurteilen, was die Leute mit ihren Genitalien anstellen. Es gibt keinen größeren Blödsinn, und ich nehme an, daß es Dir trotz der geringen Beachtung, die Du meinen bisherigen Worten geschenkt haben magst, nicht einfällt, diesen Quatsch zu glauben. Sex ist an und für sich nicht »unmoralischer« als das Essen oder Spazierengehen; natürlich kann sich jemand beim Sex unmoralisch verhalten (wenn er z.B. dabei jemandem Schaden zufügt), genauso wie der, der dem Nachbarn das Brötchen wegißt, oder der beim Spazierengehen terroristische Anschläge plant. Und weil die sexuellen Beziehungen sehr mächtige Bande knüpfen und sehr delikate Gemütsverwicklungen unter den Menschen herbeiführen können, ist es natürlich logisch, daß man vor allem die in diesen Fällen den Mitmenschen gebührenden Rücksichten in Betracht zieht. Im übrigen sage ich Dir aber rundheraus, daß in dem, was zwei Personen einen Genuß verschafft und niemandem Schaden zufügt, nichts Schlechtes ist. Der ist wirklich »schlecht«, der glaubt, im Genießen gäbe es etwas Schlechtes. Wir »haben« nicht nur einen Körper, wie man so sagt (fast resignierend), sondern wir *sind* ein Körper, ohne dessen Befriedigung und Wohlbefinden es kein schönes Leben gibt, das sich lohnt. Wer sich der Fähigkeit seines Körpers, Vergnügen zu empfinden, schämt, ist so dumm wie der, der sich schämt, das Einmaleins gelernt zu haben.

Natürlich ist eine der zweifellos wichtigen Funktionen des Sex die Fortpflanzung. Das brauche ich Dir, da Du mein Kind bist, ja nicht erst zu sagen! Und das ist eine Konsequenz, die man nicht auf die leichte Schulter nehmen sollte, da sie einem einige unzweifelhaft ethische Verpflichtungen auferlegt: Lies nochmals durch, wenn Du Dich nicht mehr erinnerst, was ich Dir zuvor über die *Verantwortung* als unvermeidliche Kehrseite der Freiheit gesagt habe. Aber die sexuelle Erfahrung kann sich nicht bloß auf die Fortpflanzungsfunktion beschränken. Bei den Menschen haben die natürlichen Vorrichtungen zur Aufrechterhaltung der Art noch weitere Dimensionen, die die Biologie nicht vorgesehen zu haben scheint. Es kommen Symbole und Verfeinerungen, wunderbare Erfindungen dieser Freiheit hinzu, ohne die wir Menschen keine Menschen wären. Es ist paradox, daß die, die etwas »Schlechtes« oder zumindest »Schmutziges« im Sex sehen, meinen, daß eine zu große Begeisterung für ihn den Menschen zum Tier macht. Tatsächlich aber gebrauchen gerade die Tiere den Sex nur zur Fortpflanzung, genauso wie sie das Essen nur zur Ernährung und die körperliche Bewegung zur Erhaltung der Gesundheit benutzen. Wir Menschen haben dagegen die Erotik, die Gastronomie und den Sport erfunden. Der Sex ist ein Mechanismus der Fortpflanzung für die Menschen wie für die Hirsche und die Meerbrassen; aber bei den Menschen ruft er viele andere Effekte hervor, so etwa die Lyrik und die Institution der Ehe, die weder die Hirsche noch die Meerbrassen kennen (ich weiß nicht, ob leider oder zum Glück für sie). Je mehr man den Sex von der einfachen Fortpflanzung trennt, um so weniger tierisch und um so menschlicher wird er. Natürlich ergeben sich daraus gute und schlechte Konsequenzen, wie immer, wenn die Freiheit im Spiel ist. Aber über dieses Problem rede ich fast seit der ersten Seite dieses Schmökers.

Was sich hinter dieser ganzen Entrüstung über die sexuelle »Unmoral« versteckt, ist nicht mehr und nicht weniger als eine der ältesten sozialen Ängste des Menschen: die Angst vor dem Vergnügen. Und weil das sexuelle Vergnügen zu den intensivsten und lebendigsten gehört, die man empfinden kann, sieht es sich daher von so großem Mißtrauen und so starken Vorbehalten umgeben. Warum macht das Vergnügen Angst? Ich vermute, weil es uns zu sehr gefällt. Im Laufe der Jahrhunderte haben die Gesellschaften immer zu vermeiden versucht, daß ihre Mitglieder sich körperlich aufreizen und vor lauter sexueller Lust die Arbeit, die Zukunftsvorsorge und die Verteidigung der Gruppe vergessen. Tatsächlich aber fühlt sich niemand so zufrieden und mit dem Leben in Einklang, wenn er sich freut; wenn er allerdings alles übrige vergißt, kann er nicht lange leben. Die menschliche Existenz war zu allen Zeiten und in jedem Augenblick ein gefährliches Spiel – und dies gilt für die ersten Horden, die sich vor Tausenden von Jahren um das Feuer scharten, und auch für uns, die wir heute die Straße überqueren müssen, wenn wir eine Zeitung kaufen wollen. Das Vergnügen lenkt uns manchmal zu sehr ab, was sich für uns als fatal herausstellen kann. Daher wurden den Vergnügen immer Tabus und Beschränkungen auferlegt, sie wurden vorsichtig rationiert, nur zu bestimmten Zeiten erlaubt: Es waren soziale Vorsichtsmaßnahmen (die manchmal in Kraft blieben, auch wenn es nicht mehr nötig war), damit niemand zu sehr von der Gefährlichkeit des Lebens abgelenkt wurde.

Andererseits gibt es die, die nur genießen können, wenn sie andere nicht genießen lassen. Sie haben solche Angst davor, daß ihnen das Vergnügen unwiderstehlich wird, sie ängstigen sich so sehr, wenn sie daran denken, was ihnen passieren könnte, wenn sie eines Tages ihrem Körper wirklich einen Gefallen tun, daß sie sich in berufsmäßige Verleumder des Vergnügens verwandeln. Der Sex ist soundso, das Essen und Trinken ist das und das, das Spiel ist dies und jenes, genug des Lachens und Feierns, wo die Welt doch so traurig ist. Hör bloß nicht auf die. Alles kann einem schließlich schlecht bekommen oder dazu dienen, Schlechtes zu tun, aber *nichts ist allein deswegen schlecht, weil es Dir Spaß macht*. Die professionellen Verleumder des Vergnügens nennt man »Puritaner«. Weißt Du, was ein Puritaner ist? Jemand, der versichert, daß man etwas Gutes daran erkennt, daß es uns nicht gefällt; der behauptet, daß leiden immer höher zu bewerten ist als sich freuen (wobei es in Wirklichkeit verdienstvoller sein kann, sich gut zu freuen als schlecht zu leiden). Und das Schlimmste von allem: Der Puritaner glaubt, daß es jemandem, der gut lebt, schlecht gehen muß, und wenn es jemandem schlecht geht, dann deshalb, weil er gut lebt. Selbstverständlich halten sich die Puritaner für die »moralischsten« Leute der Welt und außerdem für die Wächter der Moral ihrer Nachbarn. Ich will nicht übertreiben, auch wenn ich es gewöhnlich tue, aber ich möchte Dir sagen, daß der gewöhnliche unverschämte Kerl »sittsamer« und »moralischer« ist als der anerkannte Puritaner. Sein Modell ist gewöhnlich die Frau aus dieser Geschichte ... Du erinnerst Dich? Sie rief die Polizei, um sich darüber zu beschweren, daß einige Jungen vor ihrem Haus nackt badeten. Die Polizei schickte die Jungen weg, aber die Frau rief wieder an und sagte, sie badeten etwas weiter oben (nackt, immer noch nackt) und es sei immer noch ein Skandal. Wieder kam die Polizei, um sie wegzuschicken, und wieder protestierte die Frau. »Aber gute Frau«, sagte der Polizist, »wir haben sie anderthalb Kilometer weit fortgeschickt!« Und die Puritanerin antwortete, »tugendhaft« entrüstet: »Ja, ja, aber mit dem Fernglas kann ich sie immer noch sehen!«

Da meiner Meinung nach der Puritanismus die der Ethik am meisten entgegengesetzte Haltung ist, wirst Du von mir kein Wort gegen das Vergnügen hören, und natürlich beabsichtige ich auch in keiner Weise, daß Du Dich schämst (auch nicht ein bißchen), mit Leib und Seele so viel wie möglich genießen zu wollen. Ich möchte sogar mit größter Überzeugung den Rat eines alten französischen Meisters, Michel de Montaigne, den ich Dir sehr empfehle, wiederholen: »Wir müssen uns mit Zähnen und Klauen an den Genuß der Freuden dieses Lebens klammern, welche die Jahre eine nach der anderen unsern Händen entreißen.« Mit diesem Ausspruch Montaignes will ich zwei Dinge hervorheben. Das erste steht am Ende der Empfehlung und sagt, daß uns die Jahre unaufhörlich die Möglichkeiten der Freude entziehen, weshalb es nicht klug ist, zu lange mit der Entscheidung zu warten, es sich gutgehen zu lassen. Wenn Du zu lange damit zögerst, hast Du es am Ende verpaßt. Man muß sich dem Genuß der Gegenwart hingeben können, was die Römer (und der etwas langweilige Lehrer-Dichter aus dem *Klub der toten Dichter*) in dem Spruch *carpe diem* (nutze den Tag) zusammengefaßt haben. Aber das soll nicht heißen, daß Du heute alle Vergnügen suchen mußt, sondern daß Du alle Vergnügen von heute suchen sollst. Eines der sichersten Mittel, die Vergnügen der Gegenwart zu zerstören, besteht darin, daß Du unbedingt willst, daß jeder Augenblick alles hat und Dir die unterschiedlichsten und unwahrscheinlichsten Befriedigungen verschafft. Plage Dich nicht ständig damit, Dich mit Gewalt auf den Augenblick zu stürzen, damit Du unpassende Vergnügen erlebst; sorge vielmehr dafür, in allem, was es gibt, das kleinste Zeichen des

Angenehmen zu finden. Also: Laß das Spiegelei nicht kalt werden, dadurch, daß Du Dich statt dessen darum bemühst, einen Hamburger zu bekommen, und laß Dir nicht den bereits servierten Hamburger vermiesen, weil Ketchup fehlt. Denk daran, daß das Angenehme weder das Ei ist noch der Hamburger oder die Soße, sondern vielmehr, daß Du genießen kannst, was Dich umgibt.

Dies führt mich wieder an den Anfang des Zitats von Montaigne, das ich vorhin erwähnte, zurück. Wenn er davon spricht, uns mit Zähnen und Klauen hartnäckig »an den Genuß der Freuden dieses Lebens« zu klammern, meint er, es ist gut, sich der Vergnügen zu bedienen, also immer eine gewisse Kontrolle über sie zu haben, die es ihnen nicht erlaubt, sich gegen den Rest Deiner persönlichen Existenz zu kehren. Erinnere Dich daran, daß wir im Zusammenhang mit Esau und seinen aufgewärmten Linsen von der Komplexität des Lebens gesprochen haben und davon, daß es empfehlenswert ist, dieses Leben nicht über Gebühr zu vereinfachen, um es gut zu leben. Das Vergnügen ist sehr angenehm, aber es hat eine unangenehme Neigung zum Ausschließlichen: Wenn du Dich ihm allzu freigebig hingibst, kann es Dir entgleiten und Dich ohne etwas lassen, unter dem Vorwand, Dir zu ermöglichen, es Dir gutgehen zu lassen. Die Freuden zu genießen, wie Montaigne sagt, heißt, nicht zu erlauben, daß eine von ihnen Dich der Möglichkeit aller anderen beraubt und daß keine völlig den Zusammenhang des keineswegs einfachen Lebens verbirgt, in dem jede einzelne Freude ihren Platz hat. Der Unterschied zwischen »genießen« und »mißbrauchen« ist genau dieser: Wenn Du ein Vergnügen genießt, bereicherst Du Dein Leben, und jedesmal gefällt Dir nicht nur das Vergnügen mehr, sondern auch das Leben selbst; das Zeichen dafür, daß Du es mißbrauchst, ist die Erkenntnis, daß das Vergnügen Dir das Leben ärmer macht und Dich nicht das Leben interessiert, sondern nur dieses spezielle Vergnügen. Das heißt, das Vergnügen ist kein angenehmer Bestandteil der Vielfältigkeit des Lebens mehr, sondern eine Zuflucht, um dem Leben zu entfliehen, um Dich vor ihm zu verstecken.

Manchmal sagen wir: »Ich sterbe vor Vergnügen.« Solange es sich um eine bildhafte Sprache handelt, gibt es nichts dagegen einzuwenden, weil eine der positiven Wirkungen des sehr intensiven Vergnügens darin besteht, alle diese Rüstungen aus Routine, Angst und Alltäglichkeit zu zerstören, die wir mit uns herumschleppen und die uns oft mehr verbittern als schützen. Wenn wir diese Panzer verlieren, scheinen wir zu »sterben« im Hinblick auf das, was wir gewöhnlich sind – um danach stärker und tatkräftiger wiedergeboren zu werden. Daher nennen die Franzosen – zartfühlende Spezialisten auf diesem Gebiet – den Orgasmus »la petite mort«, den *kleinen Tod*. Damit ist ein »Tod« gemeint, um mehr und besser zu leben, der uns sensibler macht und mit zärtlicher oder wilder Leidenschaft erfüllt. Dennoch droht in anderen Fällen der Genuß uns im wahrsten Sinn des Wortes zu töten. Entweder tötet er unsere Gesundheit und unseren Körper, oder er verroht uns, indem er unsere Menschlichkeit tötet, unsere Rücksicht auf die anderen und auf das übrige, das unser Leben ausmacht. Ich will nicht leugnen, daß es Vergnügen gibt, für die es sich lohnen kann, das Leben aufs Spiel zu setzen. Der »Selbsterhaltungstrieb« um jeden Preis ist schön und gut, aber er ist nicht mehr als das: ein Trieb. In unserem menschlichen Leben gibt es mehr als Triebe – andernfalls hätte die Sache wenig Reiz. Vom Standpunkt des Arztes oder professionellen Feiglings aus fügen gewisse Vergnügen uns Schaden zu und bringen uns in

Gefahr, auch wenn sie für uns, die wir eine weniger medizinische Perspektive haben, weiterhin sehr achtbar und vernünftig sind. Erlaube mir dennoch, daß ich allen Vergnügen mißtraue, deren hauptsächlicher Zauber der »Schaden« und die »Gefahr« zu sein scheint. Es ist eine Sache, daß Du »vor Vergnügen stirbst«, und eine ganz andere, daß das Vergnügen darin besteht, wirklich zu sterben – oder zumindest, sich vorzustellen »zu sterben«. Wenn ein Vergnügen Dich tötet, wenn es entweder – um Dir zu gefallen – immer nahe daran ist, Dich zu töten, oder wenn es in Dir das abtötet, was in Deinem Leben menschlich ist (das, was Deine Existenz außerordentlich komplex macht und Dir ermöglicht, Dich in die Lage der anderen zu versetzen), dann ist es eine Strafe, verkleidet als Vergnügen, eine gemeine Falle unseres Feindes, des Todes. Die Ethik besteht darin, darauf zu setzen, daß sich das Leben lohnt, daß sich sogar die Strapazen des Lebens lohnen. Und sie lohnen sich, weil wir durch sie die Vergnügen des Lebens erlangen können, die immer – das ist unser Schicksal – nahe bei den Schmerzen sind. Wenn ich also gezwungenermaßen wählen soll zwischen den Mühsalen des Lebens und den Vergnügen des Todes, entscheide ich mich ohne zu zögern für die ersteren – eben weil es mir gefällt zu genießen und nicht, zugrunde zu gehen! Ich will keine Vergnügen, die mir erlauben, dem Leben zu entfliehen, sondern die es mir beträchtlich angenehmer machen.

Und nun kommt die Frage aller Fragen: Was ist die größte Belohnung, die uns etwas im Leben geben kann? Was ist der absolute Hit, den uns eine Anstrengung einbringen kann, eine Liebkosung, ein Wort, ein Musikstück, Wissen, eine Maschine oder ein Haufen Geld, Prestige, Ehre, Macht, Liebe, die Ethik oder was Dir sonst noch einfällt? Ich mache Dich darauf aufmerksam, daß die Antwort so einfach ist, daß die Gefahr besteht, Dich damit zu enttäuschen: Das Höchste, das wir überhaupt erreichen können, ist *Freude*. Alles, soweit es zur Freude führt, hat Berechtigung (zumindest von *einem* Gesichtspunkt aus, auch wenn er nicht absolut ist), und alles, was uns unwiederbringlich von der Freude wegführt, ist ein Irrweg. Was ist Freude? Ein spontanes Ja zum Leben, das aus unserem Inneren kommt, manchmal, wenn wir es am wenigsten erwarten. Ein Ja zu dem, was wir sind, oder besser, zu dem, was wir zu sein meinen. Wer sich freut, hat bereits den höchsten Preis erhalten und vermißt nichts; wer keine Freude kennt – wie weise, schön, gesund, reich, mächtig, heilig er auch sein mag –, ist elend dran, ihm fehlt das Wichtigste. Also, höre: Das Vergnügen ist wunderbar und wünschenswert, wenn wir es in den Dienst der Freude zu stellen wissen, aber nicht, wenn es sie trübt oder gefährdet. Die negative Grenze des Vergnügens ist nicht der Schmerz, nicht einmal der Tod, sondern die Freude: Wenn wir sie wegen einer bestimmten Sinnenlust zu verlieren beginnen, genießen wir sicherlich das, was uns nicht zusagt. Und die Freude – ich weiß nicht, ob Du mich verstehst, aber ich kann mich nicht besser ausdrücken – ist eine Erfahrung, die Vergnügen und Schmerz, Tod und Leben umfaßt; sie ist die Erfahrung, die das Vergnügen und den Schmerz, den Tod und das Leben definitiv akzeptiert.

Die Kunst, das Vergnügen in den Dienst der Freude zu stellen, also die Tugend, nicht vom Genuß in den Verdruß zu fallen, pflegt man seit alters her *Mäßigung* zu nennen.

Sie ist eine grundlegende Fähigkeit des freien Menschen, aber heutzutage ist sie nicht sehr in Mode: Man will sie durch die völlige *Enthaltsamkeit* oder durch die *Prohibition* ersetzen. Bevor sie versuchen, etwas gut zu gebrauchen,

was man schlecht gebrauchen (d.h. mißbrauchen) kann, ver-
schmähen die, die zum Automaten geboren sind, es lieber
völlig und ziehen es nach Möglichkeit vor, daß man es von
außen verbietet, damit so ihr freier Wille weniger strapa-
ziert wird. Sie mißtrauen allem, was ihnen gefällt, oder
noch schlimmer: Sie glauben, daß ihnen alles gefällt, dem
sie mißtrauen. »Man soll mich in keinen Bingosaal lassen,
weil ich sonst alles verspielen werde! Man soll mir nicht erlauben, einen *Joint* zu probieren, sonst werde ich zu einem
geifernden Sklaven der Droge!« Sie sind wie diese Leute, die
sich ein Gerät kaufen, um ihren Körper zu massieren, damit
sie ihn nicht aus eigener Anstrengung bewegen müssen.
Und je mehr sie mit Gewalt auf die Sachen verzichten, um
so besser gefallen sie ihnen natürlich, um so mehr ergeben
sie sich ihnen mit schlechtem Gewissen, von dem traurig-
sten aller Vergnügen beherrscht: sich *schuldig* zu fühlen.
Täusch Dich nicht: Wenn es einem gefällt, sich »schuldig«
zu fühlen, wenn einer glaubt, ein Vergnügen sei echter,
wenn es sich als in gewisser Hinsicht »kriminell« herausstellt, dann ist das, was er laut fordert, *Strafe*. Die Welt ist
voller angeblicher »Rebellen«, die im Grunde nur wünschen, daß man sie dafür bestraft, daß sie frei sind, und daß
irgendeine höhere Macht dieser oder der anderen Welt sie
daran hindert, mit ihren Versuchungen allein zu bleiben.

Die Mäßigung dagegen ist intelligente Freundschaft zu
dem, was uns Genuß bringt. Wer Dir sagt, die Vergnügen
seien »egoistisch«, weil es immer jemanden gäbe, der leide,
während Du genießt, dem antwortest Du, daß es gut ist,
dem andern so viel wie möglich zu helfen, damit er aufhört
zu leiden, daß es aber schädlich ist, Gewissensbisse zu haben, daß man in diesem Moment nicht auch leidet oder daß
man so genießt, wie der andere genießen können möchte.

Das Leiden dessen zu verstehen, der leidet, und zu versuchen, es zu beseitigen, bedeutet einfach Interesse. Falsch aber ist es, Scham zu empfinden, weil man genießt. Nur jemand mit viel Lust, sich und den anderen das Leben zu verbittern, kann zu dem Glauben gelangen, daß man immer gegen jemand genießt. Und wenn Du jemanden siehst, der alle Vergnügen, an denen er nicht teilhat oder die er sich nicht zu erlauben wagt, für »schmutzig« oder »tierisch« hält, den erlaube ich Dir für schmutzig und ziemlich tierisch zu halten. Aber ich denke, diese Frage war schon ausreichend geklärt, nicht wahr?

Lies noch was

»Die Ohren verlangt es nach Klängen und Tönen; wenn man sie ihnen nicht zu hören gibt, so unterdrückt man die Ausbildung des Gehörs. Die Augen verlangt es nach Schönheit und Farben; wenn man sie ihnen nicht zu sehen gibt, so unterdrückt man die Ausbildung des Sehvermögens. Die Nase verlangt nach Düften und Wohlgerüchen; wenn man sie ihr nicht zu riechen gibt, so unterdrückt man die Ausbildung des Riechvermögens. Den Mund verlangt, über Recht und Unrecht zu reden; wenn man ihn nicht darüber sprechen läßt, so unterdrückt man die Ausbildung der Klugheit. Den Leib verlangt, die Pracht und Fülle zu genießen; wenn man ihn nicht gewähren läßt, so unterdrückt man sein Wohlbefinden. Den Willen verlangt danach, sich unbehindert auszuwirken; wenn man ihn nicht so handeln läßt, so unterdrückt man seine Natur.«

Yang Dschu (ca. 450-380 v. Chr.)

»Das Laster korrigiert besser als die Tugend. Ertrage einen lasterhaften Menschen, und du erschrickst vor dem Laster. Erdulde einen tugendhaften Menschen, und sofort haßt du die ganze Tugend.«

Tony Duvert, *Abécédaire malveillant*

»Mäßigkeit setzt Genuß voraus, Enthaltsamkeit nicht. Es gibt daher mehr enthaltsame Menschen als solche, die mäßig sind.«

Georg Christoph Lichtenberg, *Aphorismen*

»Die einzige Freiheit, die diesen Namen verdient, ist das Recht, unser Wohlergehen auf unserem eigenen Wege zu verfolgen, solange wir nicht anderen das ihrige verkümmern oder ihre darauf gerichteten Bemühungen durchkreuzen. Jeder ist der eigene Hüter seines Wohls, mag dies Leib, Seele oder Geist betreffen. Die Menschheit fährt besser, wenn sie jedem so zu leben gestattet, wie es ihm gutdünkt, als wenn sie jeden zwingt, nach dem Gutdünken der anderen zu leben.«

John Stuart Mill, *Die Freiheit*

Kapitel 9

Allgemeine Wahlen

Von allen Seiten wird man es Dir sagen, also bleibt uns nichts anderes übrig, als ebenfalls darüber zu reden: »Die Politik ist eine Schande, sie ist unmoralisch! Die Politiker haben keine Ethik!« – Wetten, daß du so etwas Tausende Male gehört hast? Als erste Regel gilt: Bei diesen Fragen, über die wir jetzt reden wollen, ist es am klügsten, denen zu mißtrauen, die es für ihre »heilige« Pflicht halten, den Leuten im allgemeinen immer Moralpredigten zu halten – seien es die Politiker, die Frauen, die Lehrer, die Apotheker oder der arme und einfache Mensch als Gattung. Die Ethik – wir haben es bereits gesagt, aber es schadet nie, es zu wiederholen – ist weder ein Wurfgeschoß noch Munition, um auf die Selbsteinschätzung des Nächsten Kanonenschüsse abzufeuern. Und noch viel weniger auf den Nächsten im allgemeinen, auch wenn wir Menschen wie Autos am Fließband hergestellt würden. Die Ethik dient allein dazu, uns selbst zu bessern, nicht aber dazu, den Nachbarn wortreich zu tadeln; und die Ethik weiß als einzig Sicheres, daß wir alle – der

Nachbar, Du, ich und die anderen – einzigartig sind, jeder einzelne mit liebenswerten Unterschieden. Also, dem, der uns ins Ohr brüllt, »Alle ... (Politiker, Neger, Kapitalisten, Australier, Feuerwehrleute, was Du willst) sind unmoralisch und besitzen kein bißchen Ethik!«, dem kann man liebenswürdig antworten: »Kümmere dich um dich selbst, Blödmann, das nützt dir mehr« – oder sowas ähnliches.

Also, warum haben die Politiker einen so schlechten Ruf? Schließlich sind wir in einer Demokratie alle Politiker, direkt oder in Vertretung der anderen. Das Wahrscheinlichste ist, daß die Politiker, die wir gewählt haben, uns sehr ähneln, vielleicht sogar zu sehr; wären sie sehr verschieden von uns, viel schlechter oder außerordentlich besser als die übrigen, hätten wir sie sicher nicht gewählt, damit sie uns in der Regierung repräsentieren. Nur die Herrscher, die nicht durch allgemeine Wahlen an die Macht kommen (wie Diktatoren, religiöse Führer oder Könige), gründen ihr Ansehen darauf, daß man sie für anders hält als die Allgemeinheit. Weil sie anders sind als die anderen (durch ihre Macht, durch göttliche Inspiration, durch die Familie, zu der sie gehören, oder was auch immer), halten sie sich für berechtigt zu befehlen, ohne sich Wahlen zu unterwerfen und die Meinung ihrer Mitbürger anzuhören. Freilich werden sie sehr ernsthaft versichern, daß das »wahre« Volk auf ihrer Seite ist, daß die »Straße« sie mit solcher Begeisterung unterstützt, daß es nicht einmal nötig ist, auf ihre Parteigänger zu rechnen, um zu wissen, ob sie viele sind oder nicht ganz so viele. Diejenigen dagegen, die ihre Ämter durch Wahlen erreichen wollen, versuchen, sich der Öffentlichkeit wie gewöhnliche Leute zu präsentieren, als sehr »menschlich«, mit den gleichen Vorlieben, Problemen und sogar kleinen Lastern wie die Mehrheit, deren Zustimmung sie benötigen, um zu regieren. Selbstverständlich bieten sie Ideen an für die Verbesserung der Führung der Gesellschaft, und sie halten sich für fähig, diese kompetent in die Praxis umzusetzen. Aber es sind Ideen, die für alle verständlich sein müssen und die alle diskutieren können. Die Politiker müssen jedoch auch die Möglichkeit akzeptieren, daß sie auf ihren Posten ersetzt werden können, wenn sie nicht so kompetent sind, wie sie gesagt haben, oder so ehrenhaft, wie sie schienen. Unter diesen Politikern wird es sehr anständige und auch unverschämte und berechnende Typen geben, wie es sie auch bei den Feuerwehrleuten, den Lehrern, Schneidern, Fußballspielern und in jeder anderen Berufsgruppe gibt. Also, woher kommt ihr notorisch schlechter Ruf?

Erstens nehmen sie Plätze ein, die in der Gesellschaft besonders sichtbar und auch privilegiert sind. Ihre Fehler sind öffentlicher als die der übrigen Personen. Außerdem haben sie mehr Gelegenheiten als die meisten Bürger, sich kleine oder große Fehltritte zuschulden kommen zu lassen. Die Tatsache, daß sie bekannt, beneidet und sogar gefürchtet sind, trägt auch nicht gerade dazu bei, daß sie unparteiisch behandelt werden. Die egalitären und auch die Ellenbogengesellschaften gehen ziemlich unbarmherzig mit denen um, die dem Mittelmaß nach oben oder unten entkommen: Wer besser als der Durchschnitt ist, wird gesteinigt; wer nach unten sinkt, wird ohne Gewissensbisse getreten. Andererseits versprechen die Politiker gewöhnlich mehr, als sie halten können oder wollen. Ihre Klientel verlangt das aber: Wer vor seinen Wählern die Zukunftschancen nicht übertreibt und die Schwierigkeiten stärker hervorhebt als die Hoffnungen, steht sofort alleine da. Wir gehören auch zu denen, die glauben, daß die Politiker übermenschliche Kräfte besitzen; und dann verzeihen wir ihnen die unvermeidliche Enttäuschung nicht, die sie uns bereiten. Würden wir ihnen von Anfang an weniger vertrauen, müßten wir nicht lernen, ihnen später um so mehr zu mißtrauen. Aber eigentlich ist es letzten Endes immer besser, wenn sie normale Leute, Dummköpfe und sogar »ein bißchen kriminell« sind (wie Du und ich) – solange es möglich ist, sie zu kritisieren, zu kontrollieren und sie zu bestimmter Zeit ihres Amtes zu entheben; schlecht ist es, wenn sie perfekte »Häuptlinge« sind, die man, weil sie sich immer im Besitz der Wahrheit wähnen, nur mit vorgehaltener Pistole nach Hause schicken kann.

Lassen wir die Herren Politiker in Ruhe, die auch ohne unsere Hilfe ziemlich viel Durcheinander anrichten. Für Dich und mich ist jetzt die Frage wichtig, ob Ethik und Politik viel miteinander zu tun haben und in welcher Beziehung sie zueinander stehen. Hinsichtlich ihrer Zielsetzung scheinen beide grundsätzlich verwandt zu sein: Geht es beiden nicht um das Gut-Leben? Die Ethik ist die Kunst auszuwählen, was uns am meisten zusagt, und auf die bestmögliche Art zu leben; die Politik hat zum Ziel, das soziale Zusammenleben bestmöglich zu organisieren, so daß jeder das wählen kann, was ihm zusagt. Weil niemand isoliert lebt (ich habe bereits davon gesprochen, daß die menschliche Behandlung unserer Mitmenschen die Grundlage des guten Lebens ist), kann sich niemand, der die ethische Sorge hat, gut zu leben, völlig aus der Politik heraushalten. Es wäre so, als ob man in einem Haus angenehm wohnen will, aber nichts von den undichten Stellen im Dach, den Ratten, der fehlenden Heizung und dem morschen Fundament wissen will, das das ganze Gebäude während des Schlafs zum Einsturz bringen kann.

Dennoch gibt es auch wichtige Unterschiede zwischen der Ethik und der Politik. Erstens beschäftigt sich die Ethik damit, was der *einzelne* (Du, ich oder irgend jemand) mit seiner Freiheit macht, während die Politik auf die vorteilhafteste Art für die Gesamtheit zu koordinieren versucht, was die *vielen* mit ihrer Freiheit anfangen. In der Ethik ist von Bedeutung, das Richtige zu wollen, weil es nur um das geht, was jeder aus freiem Willen tut (nicht um das, was einem passiert, ob man es will oder nicht, und auch nicht um das, was man gezwungenermaßen tut). Für die Politik zählen dagegen die Ergebnisse der Handlungen, egal welchen Zweck man mit ihnen verfolgt, und der Politiker versucht mit den ihm verfügbaren Mitteln – einschließlich der Gewalt –, bestimmte Ergebnisse zu erzwingen und andere zu vermeiden. Nehmen wir ein triviales Beispiel: die Beachtung der Ampelzeichen. Vom moralischen Standpunkt aus ist es positiv, Rot respektieren zu wollen (indem man seinen allgemeinen Nutzen anerkennt, sich in die Lage anderer Personen versetzt, die Schaden nehmen können, wenn man die Regel verletzt). Aber politisch gesehen ist es wichtig, daß niemand die Ampel mißachtet, wenn auch nur aus Angst vor Strafe oder dem Gefängnis. Für den Politiker sind alle, die das Rot respektieren, gleich »gut«, ob sie es aus Angst, Routine, Aberglauben oder aus rationaler Überzeugung tun; für die Ethik dagegen verdienen nur die letzteren echte Wertschätzung, weil sie den Gebrauch der Freiheit besser verstehen. Mit einem Wort, es gibt einen Unterschied zwischen der ethischen Frage, die ich mir selbst stelle (wie will ich sein, egal, wie die anderen sind?), und der politischen Sorge, daß die Mehrheit auf die Art funktioniert, die als die empfehlenswerteste und harmonischste angesehen wird.

Eine wichtige Einzelheit: Die Ethik kann nicht auf die Politik warten. Achte nicht auf die, die Dir sagen, daß man politisch gesehen auf der Welt nicht leben kann, daß sie schlechter ist als je zuvor, daß niemand in einer so ungerechten, gewalttätigen und abnormen Situation, in der wir leben, danach streben kann, ein gutes Leben zu führen (im ethischen Sinne). Das hat man zu allen Zeiten versichert und zu Recht, denn die menschliche Gesellschaft war niemals »von der anderen Welt«, wie man so schön sagt, sie war immer von dieser Welt und daher voller Fehler, Mißbräuche und Verbrechen. Aber zu allen Zeiten hat es Personen gegeben, die fähig waren, gut zu leben, oder die sich zumindest angestrengt haben, es zu versuchen. Wenn sie konnten, haben sie an der Verbesserung der Gesellschaft mitgearbeitet, in der es ihnen bestimmt war, sich zu entwickeln; wenn ihnen dies nicht möglich war, haben sie diese zumindest nicht verschlechtert, was in den meisten Fällen nicht wenig ist. Sie kämpften – und kämpfen auch heute noch, zweifle nicht daran – dafür, daß die politisch organisierten zwischenmenschlichen Beziehungen weiterhin so sind: menschlicher, also weniger gewalttätig und gerechter. Niemals haben sie erwartet, daß alles in ihrer Umgebung perfekt und menschlich ist, um nach der Perfektion und der wahren Menschlichkeit zu streben. Sie wollen die ersten sein, die ein gutes Leben führen und die anderen mitreißen, und nicht die allerletzten. Vielleicht erlauben ihnen die Umstände nicht, mehr als ein relativ gutes Leben zu führen, schlechter als das, was sie wünschen. Was soll's? Wären sie vernünftiger, wenn sie durch und durch schlecht wären, damit ihnen das Schlechteste der Welt gefällt und das Beste an ihnen selbst mißfällt? Wenn Du sicher bist, daß unter den Nahrungsmitteln, die man Dir anbietet, viele ungesunde oder verdorbene sind, wirst Du dann versuchen (wenn du kannst) gesunde Sachen zu essen, auch wenn Du weißt, daß es deshalb weiterhin Gift auf dem Markt gibt? Oder wirst Du Dich um so eher vergiften, um der Mehrheit zu folgen? Keine politische Ordnung ist so schlecht, daß niemand in ihr nicht halbwegs gut sein kann: Mögen die Umstände noch so widrig sein, die letztendliche Verantwortung für seine Handlungen liegt bei jedem einzelnen, und alles andere sind Ausreden. Genauso bedeutet es, den Kopf in den Sand stecken zu wollen, wenn man von einer politischen Ordnung träumt, die so vollkommen ist (sie nennt man gewöhnlich *Utopie*), daß in ihr alle Menschen »automatisch« gut sind, weil die Umstände es gar nicht erlauben, Schlechtes zu tun. So viel Schlechtes es auch geben mag, es wird immer Gutes geben für den, der das Gute will; so viel Gutes wir auch in die Öffentlichkeit bringen konnten, das Schlechte wird für den, der Schlechtes will, immer erreichbar sein. Bist Du damit einverstanden? Das haben wir seit geraumer Zeit »Freiheit« genannt.

Wie soll vom ethischen Standpunkt aus, aus der Perspektive der Nützlichkeit für das gute Leben, das bevorzugte politische System beschaffen sein, das man unter Anstrengungen aufbauen und verteidigen muß? Wenn Du das, was wir bisher gesagt haben, noch einmal durchgehst (ich fürchte, ich habe so viel geredet, daß Du Dich nicht mehr an alles erinnerst), werden Dir bei sorgfältigem Nachdenken gewisse Aspekte dieses Ideals begegnen:

a) Weil das ganze ethische Projekt seinen Ursprung in der *Freiheit* hat, ohne die es kein gutes Leben gibt, das sich lohnt, muß das wünschenswerte politische System die öffentlichen Aspekte der menschlichen Freiheit aufs höchste respektieren oder (umgekehrt) am wenigsten beschränken: die Freiheit, sich zu versammeln oder von anderen abzusondern; die Freiheit der Meinungsäußerung und der Kunst und Wissenschaft; die Freiheit der Arbeit gemäß der eigenen Berufung oder Interessen; die Freiheit der Beteiligung an den öffentlichen Angelegenheiten; die Freiheit, sich an einem Ort niederzulassen; die Freiheit der Wahl der Genüsse für Leib und Seele. Also bloß keine Diktaturen! – vor allem keine, die »zu unserem Besten« sind (oder »zum Allgemeinwohl«, was das gleiche ist). Unser größtes Gut – individuell oder allgemein – ist, frei zu sein. Natürlich wird ein politisches System, das der Freiheit die gebotene Bedeutung zugesteht, auch auf der sozialen *Verantwortung* für die Handlungen und Unterlassungen jedes einzelnen bestehen (ich sage »Unterlassungen«, weil man manchmal auch etwas tut, indem man *nichts* tut). Im allgemeinen gesteht man jedem einzelnen um so weniger Freiheit zu, je weniger verantwortlich er für seine Verdienste oder Missetaten ist (man könnte sagen, sie seien Ergebnis der »Geschichte«, der »Gesellschaft«, der »chemischen Reaktionen des Organismus«, der »Werbung«, des »Teufels« oder dergleichen). In den politischen Systemen, in denen die Einzelpersonen nie voll verantwortlich sein sollen, sind es die Regierenden gewöhnlich auch nicht, die immer aus historischen »Notwendigkeiten« oder den Geboten der »Staatsräson« heraus handeln. Vorsicht bei den Politikern, für die die ganze Welt »Opfer« der Umstände – oder an ihnen »schuld« ist!

b) Grundlegendes Prinzip des guten Lebens ist, wie wir bereits gesehen haben, die Menschen wie Menschen zu behandeln, fähig zu sein, uns in die Lage unserer Mitmenschen zu versetzen und unsere Interessen zu relativieren, um sie mit ihren in Einklang zu bringen. Wenn Dir eine andere Formulierung lieber ist: Es geht darum zu lernen, die Interessen des anderen für Deine eigenen zu halten und Deine für die des anderen. Diese Tugend nennt man *Gerechtigkeit*, und es kann kein anständiges politisches System geben, das nicht bestrebt ist, durch Gesetze und Institutionen die Gerechtigkeit unter den Mitgliedern der Gesellschaft zu fördern. Die Beschränkung der Freiheit der einzelnen darf nur aus einem einzigen Grund erfolgen: zu verhindern – sogar mit Gewalt, wenn es nicht anders geht –, daß sie ihre Mitmenschen so behandeln, als wären sie keine, daß sie sie wie Spielzeug behandeln, wie Lasttiere, wie einfache Werkzeuge, wie minderwertige Wesen. Die Bedingung, daß jeder Mensch verlangen kann, wie ein Mitmensch der anderen behandelt zu werden, ohne Rücksicht auf sein Geschlecht, seine Hautfarbe, seine Ideen oder seinen Geschmack, nennt man *Würde*. Aber das Merkwürdige ist: Auch wenn die Würde allen Menschen gemeinsam ist, dient genau sie dazu, jeden einzelnen als einzigartig und unwiederholbar anzuerkennen. Sachen können »ausgetauscht« werden, man kann sie durch ähnliche oder bessere »ersetzen«, sie haben ihren »Preis« (das Geld dient gewöhnlich dazu, diesen Tausch zu ermöglichen, indem man alles über einen Kamm schert). Lassen wir einmal beiseite, daß gewisse »Sachen« so mit den Bedingungen der menschlichen Existenz verbunden sind, daß sie nicht austauschbar sind und deshalb »nicht für alles Gold der Welt gekauft werden können«, wie es bei bestimmten Kunstwerken oder Aspekten der Natur der Fall ist. Also, jeder Mensch besitzt Würde, er ist unbezahlbar, d.h. er kann nicht ersetzt werden und man darf ihn auch nicht schlecht behandeln, um einen anderen zu begünstigen. Wenn ich sage, er kann nicht ersetzt werden, meine ich damit nicht die Funktion, die er ausübt (ein Schreiner kann in seiner Arbeit einen anderen Schreiner ersetzen), sondern seine Persönlichkeit, das, was er wirklich ist. Wenn ich von »schlecht behandeln« rede, will ich damit sagen, daß er nicht einmal dann, wenn man ihn nach dem Gesetz bestraft oder ihn für einen politischen

Feind hält, aufhört, der Rücksichtnahme und des Respekts würdig zu sein. Sogar im Krieg, der das größte Scheitern des Versuchs der Menschen zu einem gemeinschaftlichen »guten Leben« ist, gibt es Verhaltensweisen, die ein größeres Verbrechen darstellen als das organisierte Verbrechen des Krieges. Die menschliche Würde macht uns alle gleich, genau deshalb, weil sie bescheinigt, daß jeder einzelne einzigartig ist, nicht austauschbar und mit den gleichen Rechten auf soziale Anerkennung wie jeder andere.

c) Die Erfahrung des Lebens enthüllt uns, sogar den am meisten vom Glück Begünstigten, am eigenen Leib die Realität des Leidens. Den anderen ernst nehmen, uns in seine Lage versetzen, besteht nicht nur in der Anerkennung seiner Würde als Mitmensch, sondern auch im Mitleiden mit seinen Schmerzen und seinem Unglück, das ihn aus eigener Schuld, durch einen Unfall oder aus biologischer Notwendigkeit heimsucht – wie es uns alle früher oder später heimsuchen kann. Krankheiten, Alter, unüberwindliche Schwäche, Verlassensein, Gefühls- oder Bewußtseinsstörungen, Verlust des am meisten Geliebten oder Unentbehrlichsten, Drohungen und Aggressionen seitens der Stärksten oder am wenigsten Gewissenhaften. Eine wünschenswerte politische Gemeinschaft muß im Rahmen des Möglichen die gemeinschaftliche Fürsorge für die Leidenden und die Hilfe für die garantieren, die sich aus irgendeinem Grund weniger selbst helfen können. Das Problem hierbei ist, daß diese Fürsorge nicht auf Kosten der Freiheit und der Würde der Person gehen darf. Manchmal behandelt der Staat, unter dem Vorwand der Hilfe für die Invaliden, schließlich die gesamte Bevölkerung wie Invaliden. Das Unglück gibt uns in die Hände der anderen und vergrößert die kollektive Macht über den einzelnen. Es ist daher sehr wichtig, danach zu streben, daß die Macht sich nur damit beschäftigt, Mängel und Schwächen zu beheben, diese aber nicht gefühllos im Namen eines autoritären »Mitgefühls« zu verewigen.

Wer für sich selbst in Übereinstimmung mit der Ethik das gute Leben wünscht, muß auch wünschen, daß die politische Gemeinschaft der Menschen auf *Freiheit, Gerechtigkeit* und *Fürsorge* beruht. Die moderne Demokratie hat im Laufe der letzten zwei Jahrhunderte versucht (zuerst in der Theorie und nach und nach in der Praxis), diese Minimalforderungen umzusetzen, die die politische Gesellschaft erfüllen muß: Es sind die sogenannten *Menschenrechte*, deren Liste noch heute – zu unserer kollektiven Schande – mehr ein Katalog der guten Vorsätze als tatsächlicher Erfolge ist. Sie hartnäckig in vollem Umfang zu fordern, überall und für alle, nicht nur für einige, ist weiterhin die einzige politische Unternehmung, an der die Ethik nicht vorbeigehen kann. Welchen Button Du bis dahin am Revers tragen willst, ob einen von den »Rechten«, den »Linken« oder den »Liberalen« oder was auch immer – also, das ist Dein Problem, weil mir diese etwas antiquierte Nomenklatur ziemlich egal ist.

Für mich ist offensichtlich, daß viele der Probleme, die sich heute den fünf Milliarden Menschen stellen, die den Planeten vollstopfen (und die Zahl steigt weiter), nur in globaler Form für die ganze Welt gelöst und sogar auch nur auf diese Weise gut bestimmt werden können. Denk an den Hunger, dem immer noch viele Millionen Menschen zum Opfer fallen, oder an die wirtschaftliche und bildungsmäßige Unterentwicklung vieler Länder oder an das Weiterbestehen brutaler politischer Systeme, die ohne Zimperlichkeit ihre

Bevölkerung unterdrücken und ihre Nachbarn bedrohen, oder an die Verschwendung von Geld und Wissen für die Rüstung oder einfach an das deutlich sichtbare Elend von zu vielen Menschen, sogar in reichen Ländern, usw. Ich glaube, daß die gegenwärtige politische Spaltung der Welt (einer durch die wirtschaftlichen Zusammenhänge und die Universalisierung der Kommunikation bereits vereinigten Welt) diese Übel nur verewigt und die vorgeschlagenen Lösungen torpediert. Noch ein Beispiel: der Militarismus, dieser Rüstungswahn mit der Verschwendung von Mitteln, die die meisten Übel der Welt beseitigen könnten, der Aggressionskrieg (unmoralische Handlung, den anderen zu unterdrücken, statt zu versuchen, sich in seine Lage zu versetzen). Glaubst Du, daß man diese Verrücktheit anders beenden kann als durch eine Autorität auf Weltniveau mit ausreichender Macht, jede Gruppe von ihrer Vorliebe für Kriegsspiele abzubringen? Und schließlich, vorhin sagte ich Dir, daß einige Dinge im Gegensatz zu anderen nicht ersetzbar sind: Dieses »Ding«, auf dem wir leben, der Planet Erde, mit seinem Gleichgewicht in der Pflanzen- und Tierwelt, scheint keinen Ersatz zur Hand zu haben, und es scheint auch nicht möglich zu sein, daß wir uns eine andere Welt »kaufen«, wenn wir diese aus Gewinnsucht oder Dummheit zerstören. Die Erde ist keine Ansammlung von isolierten Flecken oder Parzellen: Sie bewohnbar und schön zu erhalten ist eine Aufgabe, die nur von den Menschen in einer Weltgemeinschaft bewältigt werden kann, nicht durch kurzsichtige skrupellose Geschäftemacherei einiger gegen die anderen.

Worauf ich hinaus will: Alles, was die Organisation der Menschen gemäß ihrer Zugehörigkeit zur Menschheit und nicht wegen ihrer Zugehörigkeit zu Stämmen begünstigt, scheint mir prinzipiell politisch interessant. Die Verschiedenartigkeit der Formen des Lebens ist wesentlich (stell Dir vor, welche Langeweile es gäbe, wenn sie fehlen würde!), aber unter der Voraussetzung, daß es einige Mindestregeln der Toleranz unter ihnen gibt und gewisse Probleme gemeinschaftlich von allen angegangen werden. Ist dies nicht der Fall, erreichen wir eine Vielfalt der Verbrechen und nicht der Kulturen. Daher bekenne ich Dir, daß ich die Doktrinen verabscheue, die die Menschen in totalen Gegensatz zueinander stellen: den *Rassismus*, der die Personen nach pseudowissenschaftlichen Phantasien in eine erste, zweite und dritte Klasse einteilt; die schrecklichen *Nationalismen*, die die einzelnen für nichts und die kollektive Identität für alles halten; die fanatischen *Ideologien*, religiöse oder politische, die unfähig sind, die friedliche Konkurrenz verschiedener Meinungen zu respektieren, die von der ganzen Welt verlangen, daß sie glaubt und respektiert, was sie für die »Wahrheit« halten, und nur dies. – Aber ich will jetzt nicht anfangen, Dir mit Politik auf die Nerven zu gehen oder Dir meine Ansichten über alles Göttliche und Menschliche zu erzählen. In diesem letzten Kapitel wollte ich Dich nur darauf hinweisen, daß es politische Forderungen gibt, auf die kein Mensch, der gut leben will, verzichten kann. Über das andere werden wir noch reden – in einem anderen Buch.

Lies noch was

»Nicht der Mensch bewohnt diesen Planeten, sondern Menschen. Die Mehrzahl ist das Gesetz der Erde.«
Hannah Arendt, *Vom Leben des Geistes*

»Wenn mir etwas bekannt wäre, das mir nützen, meiner Familie aber schaden würde, so verbannte ich es aus meinen Gedanken. Wenn mir etwas bekannt wäre, das meiner Familie, aber nicht meinem Vaterlande nützen würde, so würde ich es vergessen wollen. Wenn mir etwas bekannt wäre, das meinem Vaterland nützen, Europa aber schaden würde, so sähe ich das Betreffende wie ein Verbrechen an, weil ich notwendig Mensch bin und Franzose nur durch Zufall.«
Montesquieu, *Vom glücklichen und weisen Leben*

»Indessen scheint es ihnen überhaupt bedauerlich, daß sich die Gewohnheit, Bündnisse einzugehen, eingebürgert hat, selbst wenn sie noch so gewissenhaft gehalten werden. Sie ist nämlich daran schuld, daß die Menschen sich gegenseitig für geborene Feinde und Widersacher halten und glauben, sie müßten bis zur völligen Vernichtung gegeneinander wüten, falls sie nicht Bündnisse daran hindern; gerade als ob keine natürliche Gemeinschaft zwei Völker miteinander verbände, die auf winzigem Raum nur ein Hügel oder ein Bach trennt.«
Thomas Morus, *Utopia*

Epilog:

Du mußt darüber nachdenken

Es ist geschafft. Mit Ach und Krach, natürlich, aber das Wesentliche, glaube ich, ist gesagt. Ich meine das »Wesentliche«, das ich Dir hier sagen kann: Andere, viel wesentlichere
Dinge mußt Du von anderen lernen oder, noch besser, selbst
über sie nachdenken. Ich will nicht, daß Du dieses Buch
allzu ernst nimmst, um nichts in der Welt! Es ist sogar sehr
wahrscheinlich, daß es sich nicht einmal um ein wahres
Buch über Ethik handelt, zumindest wenn Wittgenstein
recht hat. Dieser berühmte zeitgenössische Philosoph hielt
es für so unmöglich, ein *wahres* Buch über Ethik zu schreiben, daß er feststellte: »Wäre jemand imstande, ein Buch
über Ethik zu schreiben, das wirklich ein Buch über Ethik
wäre, so würde dieses Buch mit einem Knall sämtliche anderen Bücher auf der Welt vernichten.« Da steh ich nun. Gerade habe ich diese Seiten, die ich an Dich richte, beendet,
und habe keinen vernichtenden Donner einer Explosion gehört. Meine alten Bücher, die ich so liebe (auch das, in dem
Wittgenstein die vorhin zitierte Meinung ausdrückt), stehen

leider immer noch unversehrt in den Regalen meiner Bibliothek. Offenbar ist mir der Zauber nicht gelungen – das »wahre« Buch über Ethik. Keine Sorge! Andere, viel, viel Bessere als ich haben es zuvor versucht, mit Ergebnissen, die auch nicht den Rest der Literatur in die Luft gesprengt haben. Aber auf jeden Fall solltest Du versuchen, sie kennenzulernen: Aristoteles, Spinoza, Kant, Nietzsche. Auch wenn ich sie nicht ständig zitieren wollte (weil wir unter Freunden geredet haben), bekenne ich Dir, daß das Nützlichste auf den vorangegangenen Seiten von ihnen stammt: Mir fällt nur die Vaterschaft der Dummheiten zu (verzeih, Du bist natürlich nicht damit gemeint!).

Also, Du solltest dieses Buch nicht allzu ernst nehmen. Unter anderem weil die »Ernsthaftigkeit« kein untrügliches Zeichen der Weisheit ist, wie die Dummköpfe glauben: Die Intelligenz muß lachen können. Das Thema des Buches solltest Du aber nicht übersehen: Es handelt davon, was Du aus Deinem Leben machen kannst, und wenn Dich das nicht interessiert, dann weiß ich nicht, was Dich interessiert. Wie kann man auf die bestmögliche Art leben? Diese Frage ist für mich viel substantieller als andere, dem Anschein nach viel gewaltigere Fragen: »Hat das Leben einen Sinn? Lohnt es sich zu leben? Gibt es ein Leben nach dem Tod?« Das Leben hat einen Sinn, nur einen einzigen Sinn; es geht weiter, es gibt keine Zeitlupe (wie in der Sportschau), man kann die Spielzüge nicht wiederholen und gewöhnlich auch nicht korrigieren. Daher muß man über das, was man will, nachdenken und darauf achten, was man tut. Und außerdem: nie den Mut verlieren bei Fehlern, weil das Schicksal auch mitspielt und niemanden jedesmal das Ziel treffen läßt. Worin der Sinn des Lebens besteht? Zunächst sollten wir versuchen, keine Fehler zu machen; dann – wenn wir das nicht vermeiden können – versuchen, Fehler zu machen, ohne aufzugeben. Auf die Frage, ob es sich zu leben lohnt, antworte ich Dir mit einem Spruch des oft spöttischen englischen Schriftstellers Samuel Butler: »Das ist eine Frage für ein Embryo, nicht für einen Menschen.« Welches Kriterium Du auch immer wählst, um zu entscheiden, ob sich das Leben lohnt oder nicht, Du mußt es aus diesem Leben nehmen, in das Du hineingeboren bist. Sogar wenn Du das Leben ablehnst, tust Du das im Namen von lebenswichtigen Werten, von Idealen oder großen Erwartungen, die Du während des Lebens übernommen hast. Also ist es das Leben, das zählt – sogar für den, der zu dem Schluß gelangt ist, daß es sich nicht lohnt zu leben. Vernünftiger wäre es, wenn wir uns fragen würden, ob »der Tod einen Sinn hat«, ob der Tod »sich lohnt«, weil wir über ihn nichts wissen, da ja unser ganzes Wissen und alles, was für uns Wert besitzt, vom Leben kommt! Ich glaube, daß jede Ethik, die diese Bezeichnung verdient, vom Leben ausgeht und es stärken, bereichern will. Ich wage es, noch weiter zu gehen, jetzt, da uns niemand hört: Ich denke, daß nur der gut ist, der eine aktive Antipathie gegen den Tod fühlt. Achtung! Ich sage »Antipathie« und nicht »Angst«; in der Angst steckt immer ein Anflug von Respekt und ziemlich starker Ergebenheit. Ich glaube nicht, daß der Tod so große Beachtung verdient. Aber, gibt es ein Leben nach dem Tod? Ich mißtraue allem, was man dank des Todes angeblich erreichen soll – indem man ihn akzeptiert, benutzt und Händchen mit ihm hält –, sei es der Ruhm in dieser Welt oder das ewige Leben in einer anderen. Mich interessiert nicht, ob es ein Leben *nach* dem Tod gibt, sondern daß es ein Leben *vorher* gibt. Und daß dieses Leben schön ist; kein bloßes Überleben oder die ständige Angst vor dem Sterben.

Ich bleibe also bei der Frage stehen, wie wir besser leben können. In allen vorherigen Kapiteln habe ich nicht so sehr versucht, sie zu beantworten, als Dir zu helfen, sie besser zu verstehen. Was die Antwort betrifft, fürchte ich, bleibt Dir nichts anderes übrig, als persönlich nach ihr zu suchen. Und zwar aus drei Gründen:

a) Weil Dein selbsternannter Lehrer – ich selbst – inkompetent ist. Wie kann ich jemanden unterrichten, gut zu leben, wenn es mir gerade gelingt, normal zu leben, und damit hat sich's? Ich komme mir wie ein Glatzkopf vor, der ein unübertreffliches Haarwuchsmittel anpreist.

b) Weil das Leben keine exakte Wissenschaft ist wie die Mathematik, sondern eine *Kunst* wie die Musik. Von der Musik kann man bestimmte Regeln lernen und man kann hören, was berühmte Komponisten geschaffen haben, aber wenn Du kein Gehör, keinen Rhythmus, keine Stimme hast, wird Dir all dies wenig nützen. Mit der Kunst zu leben ist es genauso: Was sie lehren kann, ist für den, der die Voraussetzungen dafür hat, genau das Richtige, aber für den von Geburt an »Tauben« sind es Dinge, die ihn langweilen oder ihn noch mehr durcheinanderbringen, als er schon ist. Natürlich sind auf diesem Gebiet die meisten »Tauben« gewöhnlich freiwillig taub.

c) Das gute Leben ist keine Massenware, es läßt sich nicht am Fließband herstellen, sondern es existiert nur nach Maß. Jeder einzelne muß es für sich finden – gemäß seiner einzigartigen, unwiederholbaren und zerbrechlichen Individualität. Hierbei kann uns die Weisheit oder das Beispiel der anderen helfen, aber die anderen können nicht unsere Rolle übernehmen.

Das Leben ist nicht wie die Medikamente, bei denen die Packungsbeilagen die Risiken und Nebenwirkungen erläutern und die Dosis angeben, die man nehmen soll. Das Leben wird uns ohne Rezept gegeben und ohne Beipackzettel. Die Ethik kann diesen Mangel nicht gänzlich wettmachen, weil sie nicht mehr ist als die Chronik der Anstrengungen der Menschen, ihn zu beseitigen. Der vor einiger Zeit verstorbene französische Schriftsteller George Perec schrieb ein Buch mit dem Titel *Das Leben: Gebrauchsanweisung*. Natürlich handelt es sich hierbei um einen köstlichen und intelligenten literarischen Scherz, nicht um ein System der Ethik. Daher habe ich darauf verzichtet, Dir *Instruktionen* über konkrete Fragen zu geben: über die Abtreibung, über Kondome, über die Kriegsdienstverweigerung aus Gewissensgründen, über dieses und jenes. Noch viel weniger hatte ich die Frechheit (die so widerwärtig typisch ist für jene, die sich für »Moralisten« halten!), Dir im klagenden oder entrüsteten Ton über die »Übel« unseres Jahrhunderts zu predigen: den Konsumrausch, die fehlende Solidarität, die Geldgier, die Gewalt, die Krise der Werte. Ich habe meine Meinung über diese Themen und andere, aber ich bin nicht »die Ethik«: Ich bin nur Dein Vater. Die Ethik kann Dir durch mich nur sagen, daß Du selbst suchen und nachdenken mußt, in Freiheit und ohne zu mogeln: selbstverantwortlich. Ich habe versucht, Dich Arten des Gehens zu lehren, aber weder ich noch sonst jemand hat das Recht, Dich auf den Schultern zu tragen. Soll ich jetzt doch mit einem letzten Rat schließen? Da es ja ums Wählen geht, versuche immer jene Optionen zu wählen, die Dir später eine größere Anzahl weiterer Optionen offenhalten, nicht die, die Dich mit dem Gesicht zur Wand stellen. Wähle das, was Dich öffnet: den anderen,

147

neuen Erfahrungen, verschiedenen Freuden. Vermeide das, was Dich einengt und begräbt. Dann also viel Glück! Und auch das, was Dir damals im Traum eine der meinen ähnliche Stimme zurief, als der Sturm Dich mit sich fortzureißen drohte: Vertrauen!

Abschied

»Auf Wiedersehen, lieber Leser und Freund – und versuche, Dein Leben nicht in Haß und Angst zu verbringen!«

Stendhal, *Lucien Leuwen*

Wenn Du noch mehr lesen willst

Für die, die wissen wollen, wo die im Buch genannten Zitate stehen, oder die Lust haben, größere Textstellen oder das gesamte Werk zu lesen, habe ich eine Liste der in Buchhandlungen bzw. öffentlichen Bibliotheken erhältlichen deutschen Ausgaben zusammengestellt, denen die Zitate entnommen sind (mit Ausnahme der Werke von Octavio Paz, *La otra voz*, dessen Übersetzung demnächst bei Suhrkamp erscheint, und von Tony Duvert, *Abécédaire malveillant*, Ed. Minuit, Paris 1989, das nicht auf deutsch vorliegt). Die Zusammenstellung erfolgt in der Reihenfolge der Zitate im Buch.

S. 30: Homer, *Ilias*, Übertragung von Wolfgang Schadewaldt, Insel Verlag, Frankfurt 1975, S. 368/369

S. 31: Erich Fromm, *Psychoanalyse und Ethik. Bausteine zu einer humanistischen Charakterologie*, Deutscher Taschenbuch Verlag, München, 4. Aufl. 1992, S. 41

S. 43: Aristoteles, *Nikomachische Ethik*. In: *Hauptwerke*, Kröners Taschenausgabe, Band 129, Alfred Kröner Verlag, Stuttgart, 8. Aufl. 1977, S. 239/240

S. 43: Erich Fromm, *Psychoanalyse und Ethik*, S. 24

S. 43: Georg Christoph Lichtenberg, *Aphorismen*. In: *Aphorismen, Schriften, Briefe*, Hanser Verlag, München 1974, S. 229

S. 43: L. Annaeus Seneca, *An Lucilius, Briefe über Ethik*. In: *Philosophische Schriften*, Vierter Band, Briefe 70-125, lateinisch und deutsch, Wissenschaftliche Buchgesellschaft Darmstadt, 2. Aufl. 1987, S. 411 (die Briefe 1-69 sind im Dritten Band abgedruckt)

S. 55: François Rabelais, *Gargantua und Pantagruel*, Biederstein Verlag, München, 5. Aufl. 1974, S. 151

S. 55: Erich Fromm, *Psychoanalyse und Ethik*, S. 20

S. 56: David Hume, *Eine Untersuchung über die Prinzipien der Moral*, Reclam UB 8231, Stuttgart 1984, S. 216/217

S. 66: *1. Mose (Genesis), XXV, 29-34*, Die Heilige Schrift (Elberfelder Bibel, revid. Fassung), R. Brockhaus Verlag, Wuppertal und Zürich, 3. Aufl. 1992, S. 30

S. 67: Spinoza, *Die Ethik, Schriften und Briefe*, Alfred Kröner Verlag, Stuttgart 1955, S. 254

S. 67: Martin Buber, *Ich und Du*, Verlag Lambert Schneider, Heidelberg, 11. Aufl. 1983, S. 72

S. 68: Erich Fromm, *Psychoanalyse und Ethik*, S. 89

S. 78: Jean-Jacques Rousseau, *Emile oder Über die Erziehung*, Reclam, Stuttgart 1970, S. 458

S. 78: L. Annaeus Seneca, *An Lucilius, Briefe über Ethik*, S. 781

S. 78: Spinoza, *Die Ethik*, S. 209, 210

S. 94: William Shakespeare, *König Richard III*, Akt V, Szene III, Übertragen von A. W. Schlegel. In: *Sämtliche Dramen*, Band II: *Historien*, Winkler Verlag, München 1981, S. 791

S. 95: Erich Fromm, *Psyschoanalyse und Ethik*, S. 174

S. 95: L. Annaeus Seneca, *An Lucilius, Briefe über Ethik*, S. 175-177

S. 102: Das im Buch nicht wörtlich wiedergegebene Zitat von Marc Aurel stammt aus den *Selbstbetrachtungen*, Zweites Buch, 1, Insel Taschenbuch 1374, Insel Verlag, Frankfurt am Main und Leipzig 1992, S. 32

S. 110: George Bernard Shaw, *Aphorismen für Umstürzler*. In: *Gesammelte Dramatische Werke*, Band 4, *Mensch und Übermensch*, Artemis-Verlag, Zürich 1946, S. 325

S. 112: Daniel Defoe, *Robinson Crusoe*, Parkland Verlag, Stuttgart, ohne Jahr, S. 169

S. 112: Martin Buber, *Ich und Du*, S. 18

S. 112: Bertrand Russell, *Was der freie Mensch verehrt*. In: *Mystik und Logik, Philosophische Essays*, Humboldt Verlag, Wien/Stuttgart 1952, S. 58/59

S. 113: Thomas Morus, *Utopia*. In: *Der utopische Staat*, Rowohlts Klassiker 68, Rowohlt Taschenbuch Verlag, Reinbek bei Hamburg 1982, S. 71

S. 120: Michel de Montaigne, *Essais*, Auswahl, Erstes Buch, XXXIX, *Von der Einsamkeit*, Manesse Verlag, Zürich 1953, S. 268 (bei Diogenes, Zürich, gibt es als dreibändige Gesamtausgabe einen Nachdruck der ersten deutschen Übersetzung von Johann Daniel Tietz von 1753/54)

S. 126: Yang Dschu. In: Liä Dsi, *Das wahre Buch vom quellenden Urgrund*, Buch VII: Yang Dschu. Diederichs' gelbe Reihe 28, Düsseldorf 1980, S. 140

S. 127: Georg Christoph Lichtenberg, *Aphorismen*, S. 184

S. 127: John Stuart Mill, *Die Freiheit*, Pan-Verlag, Zürich 1945, S. 134/135

S. 142: Hannah Arendt, *Vom Leben des Geistes*, Band I, *Das Denken*, Piper Verlag, München-Zürich 1979, S. 29

S. 142: Montesquieu, *Vom glücklichen und weisen Leben*, Diogenes Verlag, Zürich 1990, S. 12

S. 142: Thomas Morus, *Utopia*, S. 87

S. 143: Ludwig Wittgenstein, *Vortrag über Ethik und andere kleine Schriften*, stw 770, Suhrkamp Verlag, Frankfurt, 2. Aufl. 1991, S. 13

Der Übersetzer